新加坡法律与税务手册

·免责声明·

本手册的出版旨在为有意来新加坡投资和经商的华人企业和个人提供一些新加坡最主要和最基本的相关法律和税务的介绍，手册中的内容不应视为法律和税务意见或律师与会计师建议，而是仅供读者参考之用。

任何人或实体均不应以本手册作为其采取任何行动或做出任何决定的依据。由于读者使用、错误使用或依赖本手册（或其中任何部分）而产生的或与此有关的任何直接或间接的损失、责任、成本、索赔、诉讼、损害、要求或费用，我们皆不承担任何责任或义务。我们同时在此明确排除对此类损失、责任、成本、索赔、诉讼、损害、要求或费用的任何责任或义务。

任何人士或实体依赖本手册均应自负风险。同时，我们并未就本手册的准确性、完整性、可靠性和正确性做出任何陈述、承诺、担保或保证。

本手册中所涉及的法律和税务条文及法律和税务概念均译自相关的英文法规和英文概念。由于中英文两种语言有其各自不同的句法、语法规则和用语习惯，因而本手册中的相关法律和税务条文及法律和税务概念的中文翻译未必在各方面与原文完全一致。本手册中的部分词语在新加坡现行法律和税务中已有定义，在本手册中使用时具有相同含义。此外，这些词语在上述法律和税务中的定义，与其日常使用时的字面意思未必完全相同，敬请注意。

任何人士与实体，一经接受本文件，将被视为同意上述免责声明。

本手册涉及的法律和税务法规截止于 2005 年 7 月 1 日。

序言

新加坡衔接两洋，融贯东西。“和气生财”的儒家商道，“效益至上”的市场观念彼此交汇，形成了新加坡人的“CORE 理念”：C(connectivity)——四通八达，O(openness)——开放透明，R(reliability)——诚信可靠，E(enterprise)——努力进取。这种开放包容的经济文化，是新加坡的独特魅力，吸引了世界各地的人才、资金和技术。

开放的中国，是世界的中国。改革开放以来，我们积极“引进来”，中国市场为世界经济增添了发展动力。中国企业也在竞争中提高了国际经营能力。“走出去”到世界市场上，优势互补，共同发展，将是对世界的新贡献。

中新两国人民友好，往来密切。进入新世纪，双边贸易五年内就增长了两倍。新加坡历来是中国人“走出去”的首选地和中转站之一。从早年的“下南洋”，到今日中资企业的“挂牌上市”，新加坡政府和人民给予了热情支持。两国相关部门合作出版的这套丛书，系统介绍了新加坡亲商、安商、富商政策，值得我们学习、利用、借鉴。

亲仁善邻是中新共同的文化传统。两国携手，必定合作共赢。

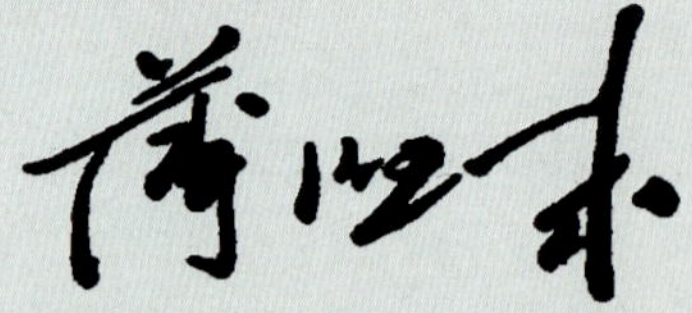

薄熙来

中华人民共和国商务部部长

二〇〇六年五月

序言

随着新加坡与中国双边经贸关系的迅速发展，新加坡已成为中国重要的商贸合作伙伴之一。中国更于2004年成为新加坡第四大贸易伙伴。我相信，未来的中新经贸关系将在广度和深度上不断发展。

通过高效及完善的管理制度，新加坡已经成为国际金融和物流枢纽以及制造、教育、保健和高科技中心。配合中国政府鼓励中国企业“走出去”的战略，资金雄厚的中国企业可通过新加坡开拓东南亚、南亚及大洋洲等市场。这也是新加坡和中国企业合作，互惠互利，进军中国大陆庞大市场的最佳良机。

我很高兴新加坡国际企业发展局及中国驻新加坡大使馆经商处携手合作，为中国企业推出《新加坡经贸投资指南》系列丛书。

我希望更多的中国企业能争取在新加坡融资上市或投资设点，并与新加坡企业携手合作，同谋发展，共创美好的未来。

林勋强

新加坡共和国贸易与工业部部长

序言

过去25年，中国经济的改革和迅速增长是全球经济市场的亮点之一。中国的国民生产总值平均以超过8%的高速度在增长。中国经济腾飞，越来越多的中国企业正走向国际市场。新加坡国际企业发展局（企发局）和中国驻新加坡大使馆经商处携手合作，推出《新加坡经贸投资指南》系列丛书，让中国企业更了解新加坡的经贸环境。

我们不断创造机会让新加坡与中国企业合作。企发局通过其在北京、上海、大连、青岛、广州、成都、重庆及香港的办事处，协助新加坡企业在中国发掘更多商机。企发局也于2001年11月成立了新加坡中国商联会，促进有意发展中国业务的新加坡企业之间的交流与信息互换。自1993年起，我们见证了新加坡—山东经济与贸易理事会、新加坡—四川经济与贸易理事会、新加坡—湖北经济与贸易理事会、新加坡—辽宁经济与贸易理事会和新加坡—浙江经济与贸易理事会的成立。这五个理事会提供了更加广阔的平台，增进新加坡与中国各省份的交流，促进了经贸合作关系。企发局也非常荣幸担任这些理事会的秘书。

在此，我预祝更多的中国企业在新加坡投资成功，并与我国企业建立密切的经贸合作关系。

李奕贤

新加坡国际企业发展局局长

序言

经济全球化是一种机遇与挑战并存的趋势。随着国际经贸合作日趋深化，投资和贸易方式不断更新，科学技术突飞猛进，新兴业态也在不断涌现。在此形势下，中国政府鼓励和支持有条件的企业走出国门，更好地利用国外自然资源和科技资源，增强产品在国际市场上的竞争力。"走出去"是中国从改革开放和经济发展的需要出发做出的重大战略决策。

自中、新两国建交以来，两国经贸合作持续发展，不仅创建了"苏州工业园"的合作范例，而且在经贸和投资领域的合作不断扩大和深化。在相互了解、密切合作的过程中，我们学习和借鉴了新加坡不少成功的经验。

新加坡是中国重要的经贸合作伙伴之一。为进一步落实并加强双方在重点领域的合作，支持中国企业"走出去"，驻新加坡使馆经商处与新加坡贸工部所属的国际企业发展局合作推出了《新加坡经贸投资指南》系列丛书。我深信，这套丛书的出版将进一步增进中国商界和企业对新加坡经贸环境的了解，促进合作，实现双赢。

衷心祝愿中、新两国国运昌盛，祝愿两国经贸合作蒸蒸日上。

张雲

中华人民共和国驻新加坡共和国
特命全权大使

序言

自1990年新加坡与中国建交以来，双方的经贸联系取得迅速的发展。2005年，新中贸易总额达671亿新元，比2004年增加了25.8%，使中国成为新加坡的第四大贸易伙伴国。在投资方面，截至2005年底，新加坡在中国的投资总额已达277亿美元，成为中国的第八大投资国。

中国经济蓬勃的发展，也带动了许多中国企业，包括民营企业，迈向国际化。新加坡的优越地理位置、卓越的基础设施、成熟的法律体制、具有竞争力的税务制度以及亲商的投资环境，使它成为中国企业迈向亚洲，通往世界的重要门户。在中国政府大力推动中国企业“走出去”的大前提下，我们非常欢迎中国企业利用新加坡作为它们拓展海外市场的跳板，到新加坡融资或上市。除此之外，中国企业也可利用新加坡作为商业、运输及物流枢纽的地位，以及新加坡企业的市场网络及分销渠道，开拓区域市场或与新加坡企业建立联盟关系，一起进军第三市场，实现双赢的国际化目标。

2006年是新中建交第十六周年，我很高兴新加坡国际企业发展局与中华人民共和国驻新加坡使馆经商处联手合作，共同推出《新加坡经贸投资指南》系列丛书。希望中国企业能从中获得有关讯息并加强与新加坡企业合作，共谋发展大计。

衷心祝愿新中经贸合作再攀新高峰！

陈燮荣
新加坡共和国驻中华人民共和国大使

序言

新加坡是重要的国际经贸枢纽，是亚洲重要的金融中心、航运中心、贸易中心和石油炼化中心，也是中国在东南亚的重要经贸合作伙伴。

中新两国建交以来，经贸合作持续健康发展。2005 年中新双边贸易额突破 300 亿美元，达到 331 美元，比上年增长 24.2%，新加坡再次成为中国在东盟国家中的最大贸易伙伴。截止到 2006 年初，在新加坡上市的中资及中资背景企业(不含港、台)已近 90 家，市值超过了 156 亿新元。

随着中国经济的持续健康发展，越来越多的企业开始走出国门，寻求对外发展及国际合作。新加坡由于独特的地理位置和文化特点，越来越受到中国企业的关注。负责协助中国企业在新加坡设点的新加坡经济发展局是中国企业走出中国的第一站。为配合中国企业实施“走出去”的战略，增加对新加坡经贸环境和法律法规的了解，我们联合新加坡贸工部所属国际企业发展局共同推出《新加坡经贸投资指南》系列丛书，详细介绍新加坡的政府机构、商业机构，法律、税务、会计准则以及新加坡证券市场的上市规则和要求，以便让更多的中资企业学习和了解新加坡，探寻更多的交流与合作机会，实现共同发展。

感谢新加坡经济发展局、新加坡国际企业发展局等有关方面为丛书的成功出版所做的令人钦佩的努力，祝愿中新经贸合作健康发展。

李志群

李志群
中华人民共和国驻新加坡使馆经商处
前公使衔参赞

序言

新加坡是亚太地区跨国企业区域总部和办事处以及中资企业在海外投资的重要商业枢纽。除了拥有优越的地理位置以及一流的海、陆、空基础设施和高素质的通讯网络等硬件优势外，新加坡还具备独特的软环境优势，包括东西方文化交汇的背景，高效廉洁的政府，长期稳定的政治、经济和社会环境以及建立与维持上述软环境的法治基础。

商家在国外投资与经商最终能否成功，取决于对该国或地区相关法律制度的了解和认识。在新加坡这样崇尚法治的国家里，倘若外商对新加坡法律一无所知甚至漠视，将不可避免地带来极其严重的后果。新加坡法律体系的成文法与判例法皆以英国法为基础。其中，有关金融、贸易、知识产权、海事海商、仲裁等方面的法律均以国际条约为基础，与国际惯例相一致。新加坡法院以其独立公正、高效透明著称于世，而新加坡国际仲裁中心已成为解决国际商事纠纷，特别是解决中国企业与东盟自由贸易区各成员国当事人之间商业纠纷的重要国际仲裁中心。另外，新加坡作为本区域的法律服务中心，拥有众多国际律师事务所以及与中国当事人具有相似语言和文化背景的律师，可以为各国投资者提供高效优质的法律服务。

杨梁白律师事务所为有机会参与编写本手册法律部分的工作而深感荣幸，希望其中的内容能帮助有意来新加坡投资经商的中资企业和个人对新加坡的相关法律有所了解。

最后，承蒙中华人民共和国驻新加坡大使馆和新加坡国际企业发展局在本项目中鼎力相助，不胜感谢！

Jennifer Yeo

梁利平
杨梁白律师事务所董事长

序言

据媒体报道，过去3年里，在新加坡设有业务据点的中资企业增加了大约50%，达到目前的1500多家。新加坡因此成为中国以外最多中国企业云集的地方。新加坡本身拥有优越的地理位置、亲商的政策、优异的物流和通信基础设施以及通达到其他市场的潜能，这种种因素更足以吸引中资企业善用新加坡作为它们开拓国际市场的基地。

新加坡近年来实行多项的税务改革，更有效地提高了新加坡吸引外国商家前来设立区域控股公司。目前，大约有7000家跨国公司在新加坡建立了业务据点。

商家到海外开拓业务，税务是一项不可忽略的课题。中资企业应该谨慎地关注及处理它们的税务状况，以便降低可能面对的国际税务风险。有意在新加坡开展业务的中资企业，应该尽可能了解相关的税务条例，并且寻求专业协助，以便进一步降低税务负担。商家们也应该尽早进行全面性地检讨，找出任何疑虑或相关的问题，并且及时采取必要的纠正措施。即使是已经在本地开展业务的公司，税务策划的探讨是绝对不能太迟的。

安永负责编辑这本册子中有关税务的部分，目的是要让有意来新加坡经商的中资企业对新加坡的公司和个人税务制度有所了解。

感谢中华人民共和国驻新加坡大使馆和国际企业发展局的鼎力协助，让我们能顺利地完成这个非常实用且重要的计划。

Yew Huat

王耀发

安永会计师事务所执行合伙人

目 录

第一部 法律篇

第二部 税务篇

第一部 法律篇

第1章 新加坡法律制度简介

1.1 新加坡国家机关

新加坡独立后，建立的是内阁制政府的共和国。其国家机关由立法机关（国会）、行政机关（内阁）和司法机关（法院）构成。国会为国家的立法机构，负责国家的法律制定工作。内阁为国家的行政机关。内阁（总理或首相）总揽行政权力。法院行使国家的司法权力，宪法捍卫了司法的独立性。法院的权利是完全独立的，不受政府和各政府部门牵制。

1.1.1 立法机关

新加坡的立法机关由总统和国会组成。

1.1.1.1 总统

（a）总统的设立

新加坡宪法规定，应设总统 1 人。总统是国家的领袖，由人民投票选举产生，任期 6 年。在总统患病、离开新加坡或任何其他原因不能亲自行使职务期间，宪法第 22 条第 N 款提及的人员之一将在此期间履行总统的职能。任何人不得在任何法院对总统提起任何诉讼。

（b）总统的资格与职责

宪法规定，非新加坡公民不得当选总统。总统不得担任任何管理的职位，并不得积极从事任何商业活动。总统或代行总统职务的人在行使职务前，应宣誓就职。

新加坡的行政权力属于总统，并由总统、内阁、内阁授权的任何一位部长，根据宪法各项规定行使，或由国会通过法律将某些行政权力授权予其他人。除宪法另有规定外，总统根据宪法或任何法律行使职权时，应依照内阁或在内阁一般领导下的部长的咨询意见行事，但总统有权要求取得内阁所能取得的任何有关政府情报的信息。

总统在任命总理及搁置、同意解散国会的请求时，可以行使自由裁量权。

立法机关可依法做出规定，要求总统在行使可以凭自由斟酌行事的职能或宪法任何其他条款中对其行使作了规定的职能以外的职务时，必须咨询内阁以外某一个人或团体，或根据其建议行事。

1.1.1.2　议会

新加坡是一个议会制的国家，国会是最高权力机关。目前，新加坡议会由94位议员组成，其中84位议员由民意投票表决选出，1位非选区议员，9位被提名议员，每位议员的任期为5年。

(a) 国会组成

宪法规定，当选议员的人数应符合由立法机关或其制定的法律设定的选区的普选要求。

另外，增加的议员，即所谓“非选区的议员”，总数不得超过6人。立法机关，可在有关国会选举的任何法律中对此做出规定，以保证国会中有适当的来自没有参加组成政府的某政党或多党派的最低限度的代表。

非选区议员投票是有限制的，其无权参加修改宪法的议案、供给议案、补充供给议案或最后供给议案、宪法第68条规定的货币议案、对政府投不信任票以及根据宪法第22条第L款罢免总统等的投票。

(b) 议会立法权的行使

立法机关制定法律的权力，应以由国会通过法案并经总统表示同意的方式行使。法案一经总统同意即应成为法律，这种法律应自政府公报公布之日起施行，如果在这种法律或新加坡现行法律中规定某一其他日期生效，则应自该日期起实施。

国会有权通过法律确定和调整国会的特权、豁免权或职权。除立法机关另有规定外，国会中的一切辩论和讨论应用马来语、英语、华语或泰米尔语进行。国会在议事过程中应以遵从宪法的各项规定为条件，并可以随时制订、修改和废除其议事议程。

国会会议由议长主持。国会会议不得因其议员中有人缺席而丧失其处理事务的资格（包括国会首次组成时或任何时候重新组成时未填补的缺席在内）；而且即使某些没有出席权或无投票资格的人出席了会议并投票或以其他方式参加了议事活动，国会的任何议事活动应一律有效。

除宪法另有规定外，国会中所有提请表决的问题，应由出席和投票议员多数决定。任何在国会表决时赞同和反对的票数相等的动议应被视为被否决。

（c）国会的会期、休会及解散

国会每年至少举行一次会议，任何一届国会会议的末次集会与下届国会会议之间间隔不应超过6个月。国会各届会议应在总统可以随时在政府《公告》发布中所规定的地点和时间举行。

如果总理职务任何时候出缺，总统在行使自由裁量权中一经查明该职务出缺已超过相当一段时期，而又无国会议员拥有国会过半数议员的信任者，应立即在政府《公报》中宣布解散议会。

如果总理劝告总统解散议会，总统得以于任何时候在政府《公告》中宣布解散议会，但若非查明总理在通告时拥有过半数国会议员的信任，总统无须依照总理的意见行事。

除非国会提前解散，否则应自召开第一次会议之日起继续存在为期5年，然后宣布解散。国会每次解散，应于解散后3个月内，在总统的政府《公告》中发布公告指定的日期举行大选。

（d）国会成员（议员）的资格

议员应是具有以下资格并按现行法律规定的方式选举产生的人员。

（i）是新加坡公民；

（ii）于提名日已满21周岁；

（iii）在本届选民登记册中列有他的名字；

（iv）在提名进行选举之日系新加坡居民，且在该日之前在新加坡居住累计不少于10年；

（v）会说（有足够熟练程度的说话能力）、会读（除非因失明或其他身体原因而丧失能力）、会写至少以下文字之一：英语、马来语、华语和泰米尔文；

（vi）根据宪法规定并未被剥夺国会议员资格。

同时，宪法也规定了具有下列情况的人不具备议会议员的资格：

（i）经查明或宣告为精神不健全者；

（ii）尚未清偿债务的破产者；

（iii）担任营利性质职务者；

（iv）被提名参加国会或总统选举，或作为某一被提名者的竞选代理人，而未能按法律所要求的时间和方式提交竞选费用的报表者；

（v）曾由新加坡或马来西亚法院宣判为有罪并判处监禁1年以上，或罚金2000新元以上而未获得豁免者；罪行是由马来西亚法院判定的，除非该人罪行在新加坡发生也会受到新加坡法院的处罚，否则不得取消该人作为国会议员的资格；

(vi) 曾在外国自愿取得公民资格，或行使公民权利，或曾向外国作过效忠宣誓者；

(vii) 在国会或总统选举中，按照相关法律，被宣告有罪，或被证实其行为构成犯罪，从而丧失资格者。

1.1.2 行政机关（内阁）

新加坡行政机关由内阁和政府各部组成。新加坡为共和制政体，总统为国家的元首。总统不是内阁成员，不领导内阁，政府将设政府总理职位，领导内阁工作。

新加坡政府产生的程序不同于美国的总统制，而与英国相似，属于英国议会制政府类型。

1.1.2.1 内阁

新加坡的内阁是由国会选举产生的，它必须对国会负责，向国会报告工作，接受国会的监督。国会授权于总理和内阁部长，其集体对国会负责。内阁负责管理一切国家重大事项、制定政府政策和处理日常国务并向国会呈报。内阁是个决策机构，下设内阁办公厅。内阁由总理和各部部长组成。国家行政权力由内阁和内阁总理掌握行使。

新加坡内阁成员的组成与英国不同，除总理和副总理外，还包括各部部长。新加坡的总理、内阁各部部长都是议员，内阁集体向国会负责。新加坡也同英国一样，内阁的成员必须取得议员的资格。

内阁的工作由总理领导，总理由总统任命，总理必须是国会成员，而且能够得到国会大多数的信任。内阁部长由总统按照总理的建议，从国会成员中任命。内阁分管交通部、贸易及工业部、社会发展青年及体育部、国防部、教育部、环境及水源部、财政部、外交部、卫生部、新闻通讯及艺术部、人力部、律政部、国家发展部及内政部 14 个部门。

1.1.2.2 各部的职责

内阁授权的各部在总理领导下工作，其职能分述如下：

(a) 交通部

交通部的主要职责是，发展和促进新加坡成为交通枢纽，建立、健全陆海空交通体制。

(b) 贸易及工业部

贸易及工业部的主要职责是，为政府在新加坡全面经济和人力资源发展战略出谋划策；制定和执行经济、贸易、旅游业、能源、生产力和在职培训的政策。

(c) 社会发展青年及体育部

社区发展部的主要职责是，最大限度地促进社会的凝聚力和社区的参与意识。通过福利、社会、娱乐、体育、文化服务和设施，制订各种计划，开展各种活动，增进健康的感情和文化素养，协调基层组织和社区的关系，以及管理穆斯林、锡克族和印度教事务。

(d) 国防部

国防部主要负责国家的安全防务，发展和维持有效的和随时可以行动的武装部队，提高人民的国防意识等。

(e) 教育部

教育部主要负责制定和执行教育政策；主管政府所办和资助学校、初级学院的发展，并对私立学校进行监督。

(f) 环境及水源部

环境及水源部的职责是，负责环境的保护和改善；控制污染；主管环境公共卫生服务和卫生教育。

(g) 财政部

财政部主要负责预算管理和控制支出；主管每年的财政收入政策、税收、国家财产、债务；规定财政和商务活动；联系国际和区域财政组织；公共服务；人才开发和训练；工资及其相关政策的研究；专业人员信息和安置服务等。

(h) 外交部

外交部的职责是，负责外交事务；促进新加坡的经济发展和安全；保持区域性合作、和平与繁荣以及各国之间的友谊。

(i) 卫生部

卫生部负责医疗、预防和康复服务；主管计划生育，提高健康水平；办理卫生专业人员登记、卫生立法、训练护士和医药助理人员。

(j) 新闻通讯及艺术部

新闻与艺术部的主要职责是，负责新加坡政府国内外信息（新闻）服务的政策与计划；大众传播媒介、电影和出版物的审查，以保证新加坡的社会稳定、道德水平的不断提高以及年轻一代正确价值观的形成。

(k) 人力部

劳工部在1998年重组为人力部，所有人力策划、发展与管理事务都交由一个部门管理。作为一个中央机构，人力部能够更妥善地协调所有关键性的人力策划和管理事务。

人力部主要负责协调工业关系；保障工人的安全、健康、福利、就业的最低标准和老年工人储金。

(l) 律政部

律政部按其主管内容来看，即通常的司法行政部。该部主管宪法规定由检察院主管的事宜以外的各种有关法律事务。

（m）国家发展部

国家发展部负责新加坡物质上的发展，包括公共和中等收入者的住房、城市重建、公共工程、公园和文娱设施、国家和城市规划、停车场建筑和管理、进出口农牧产品、城乡基本建设等。

（n）内政部

内政部的主要职责是，负责维护内部安全、法制和秩序；侦察和预防犯罪；计划应付内部紧急状态和民间防空；管制毒品、刑罚、消防、救灾、移民、公民身份、出生、死亡、社团等。

以上各部除设部长外，还有高级政务部长、政务部长、高级政务次长、政务次长、常务次长、副次长，以协助部长开展部内工作。

1.1.3　司法机关

国家的司法权利被授予最高法院和初级法院。最高法院由随时任命的首席法官和其他法官组成。宪法对保护最高法院审判员的任职和独立审判做出了特殊规定。新加坡法庭由最高法院、初级法院和回教法院组成。

1.1.3.1　最高法院

最高法院由上诉庭和高等法庭组成。包括大法官和上诉庭法官在内，最高法院共有14位法官。法律秘书接受委托在法律探究方面给予法官协助。在1979年修订的宪法规定中，最高法院增设了司法委员的职位，以加速最高法院案件的审理工作。司法委员拥有同最高法院法官一样的权利和豁免权，他们的任期由总统视情况而定。

（a）上诉庭

上诉庭通常由3位上诉庭法官组成。大法官和最高法院的其他法官是由总统在听取总理意见后委任的。总理先向大法官咨询，然后对委任大法官以外的其他法官向总统提出意见。

自1994年4月8日起，上诉庭成为新加坡的上诉终审法庭，废除了向伦敦的英国枢密院上诉的制度。上诉庭审判权包括审理高等法庭已裁决的民事案件和刑事案件。上诉庭的案件由大法官和上诉法官负责审理。大法官是上诉庭的主席，在他的要求下，高等法庭的法官也可以审理上诉庭的案件。

上诉庭采取庭上法官投票表决的方式进行裁决。如果只有两个法官听审，而其意见又有分歧，上诉庭将保留上诉前的裁决。

上诉庭是终审法庭，它听审高等法庭对任何民事案件的裁决或庭令的上诉，包括在案件的第一审和在上诉时做出的裁决或庭令。

上诉庭也听审有关高等法庭在刑事案第一审时所做出判决的上诉，并对高等法庭提交给它的法律问题做出决定。

(b) 高等法庭

高等法庭由大法官与高等法庭法官组成。

高等法庭对民事和刑事案件拥有绝对的第一审判权。对初等法院拥有一般监督和修正的司法权利。高庭负责听审地方法官和地区法官的行事和民事上诉案；审理超过 25 万新元的索赔案件、超过 300 万新元索赔的检验遗嘱事务及判处死刑或超过 10 年监禁的刑事案等。

1.1.3.2 初级法院

初级法院由地方法庭、地区法庭、验尸官法庭、少年法庭以及小额赔偿法庭等 5 种法庭组成。某些地区法庭和地方法庭被设置成专门法庭，例如：家事法庭（the Family Court）、民商与刑事法庭（the Commercial Civil and Criminal Courts）、交通法庭（the Traffic Court）、过滤法庭（the Filter Court）、刑事提及法庭（the Criminal Mentions Courts）、集中宣判法庭（the Centralised Sentencing Court）和夜间法庭（the Night Courts）等。

(a) 地方法庭

地方法庭属初审法庭，其审判权限于诉讼在新加坡引起、被告或其中一名被告在新加坡居留，或在新加坡拥有注册生意，或拥有新加坡财产或诉讼中涉及的标的物位于新加坡或事件发生在新加坡，并且诉讼标的不超过 66 万新元索赔案件（法律或法令有规定的除外），或最高监禁刑罚不超过 3 年，或刑罚只限于罚款的案件。在审理案件过程中，若民事案件双方当事人以书面方式同意该法庭的判决是决定性的，双方则不能向高等法庭上诉。

(b) 地区法庭

地区法庭也是初审法庭，其审判权限于审理诉讼标的不超过 25 万新元的索赔案件（法律或法令有规定的除外）、双方当事人以书面契约的方式同意由地区法庭审判的案件，或最高监禁刑罚不超过 10 年，或刑罚只限于罚款的事件。

(c) 验尸官法庭

验尸官法庭主要负责调查以下案件：

(i) 有理由怀疑死因是突然或非寻常的；

(ii) 有理由怀疑死因是由暴力行为造成的；

(iii) 死因不明或法律有规定的。

(d) 少年法庭

少年法庭负责审理所有 14 岁以下的儿童或 16 岁以下的青少年的犯罪，但由高等法庭审理的案件指该儿童或青少年与另一名 16 岁以上的人共同被指控的刑事案件。

(e) 小额赔偿法庭

小额赔偿法庭的宗旨是为小额索赔的纠纷提供更快捷、更方便和低收费的解决途径。该法庭的审判权限于不超过1万元的案件（或经双方当事人同意，索赔不超过两万元的案件），并且任何由货物销售合同、服务提供合同或财产的侵权损害赔偿（除非损害是由机动车肇事造成的）而引起纠纷的案件。在该法庭里，被告可以通过电话或以书面形式认罪。若当事人对该庭的裁决不满，可在地方法庭重新起诉。

地方法官、地区法官、验尸官和小额赔偿法庭的审判员，是在大法官的推荐下由总统委任。

初级法院也有一位主簿官和一位副主簿官。

1.1.4 新加坡检察机关

1.1.4.1 总检察署

总检察署是新加坡政府的主要法律顾问，其主要职能有：

(a) 为政府及各法律部门提供法律咨询服务；

(b) 执行任何由总统和内阁按宪法或任何书面法分配的任务；

(c) 以检察官的名义进行任何针对政府或由政府提出的诉讼案；

(d) 有权进行或终止任何刑事案的程序；

(e) 执行任务时是独立而不受政府管制的；负责执行较传统的任务，譬如根据普通法，检察官是慈善机关的监护人，也是被收养者的法定监护人。

为了更好地履行其职能，总检察署划分为五个部门。民事司就所有民事事务向政府提出建议，并代表政府；刑事检控司对刑事案件提出建议并起诉；国际事务司就所有国际法律问题向政府提出建议，并代表政府采取行动；法律草拟司负责起草所有法律；法律改革与修正司审查并提议修改新加坡法律以迎合新加坡在21世纪的需求。

由于总检察长也是公共检控官，肩负管制和提示新加坡所有刑事案的检控工作。因此，所有刑事案都以它的名义提控。所有高庭刑事案的提控工作由隶属刑事检控处的副检察司进行，副检察司也负责初级法院大部分刑事案件的提控，并对警方和政府部门负责提供的案件给予指示。

1.1.4.2 总审计师

宪法规定由总统征求总理的意见任命一名总审计师，总理在提出建议前应与公共事务委员会的主席进行协商。总审计师负责就所有各部、政府办公室、公共服务委员会、法律服务委员会、最高法院、所有初等法院和国会或其他成文法规定的管理公共基金的实体的账目进行审计和报告。

1.2 新加坡法律体系

新加坡法律体系主要受英国法律文化和传统的影响，仍保留部分英国普通法的传统。但事实上，自从1965年8月9日新加坡共和国成立时起，新加坡就开始建立其国内法律体系，目前，已日趋完善，具有许多现代国内法的特征，完全独立于英国法系。

1.2.1 新加坡法律的渊源

新加坡属英美法系的国家，其法律渊源有书面法（成文法）和非书面法（判例法）两种。

1.2.1.1 书面法

书面法包括新加坡宪法、法令和法规。

《宪法》是国家的根本大法，是最高法。与宪法相抵触的法令、法规无效。新加坡的宪法最初包括三部分：

（a）新加坡宪法（当新加坡海还是马来西亚的一个邦时，该法被称为《新加坡州宪法》）；

（b）1965年新加坡共和国独立法令；

（c）马来西亚宪法（部分适用于新加坡）。

新加坡的法令包括所有由国会颁布的法令（于1965年8月9日后颁布的法令称新加坡共和国法令）、所有自新加坡1819年建立以来所实施未废除的法令、所有按照1993年颁布的英国适用法令而适用于新加坡的英国法令。该法令规定，消除关于英国法律，特别是成文法在新加坡可应用到何种程度的不确定性；废除民事法律法令第五节。英国适用法令允许适用习惯法，包括衡平法原则与规则的继续应用。该法令的第一附则也指定在经过必要修改的情况下，可在新加坡应用或继续应用的英国法律。

该法令阐明，一旦地方法令与英国法律条文有不一致的地方，将以本地法律为准。除了该法令或其他新加坡成文法所允许的英国法律，没有任何英国法律可以成为新加坡法律的一部分。该法令同时授权部长发出修改令，以消除该法令第一附则所阐明的英国法律在应用上产生的困难。

英国法令在新加坡的适用必须符合以下条件：第一，必须是英国法适用法令所规定的法令；第二，任何根据其他新加坡法令适用于新加坡的法令。

法规是指按照法令的规定制定的规则和条例。

1.2.1.2　非书面法

非书面法是指不包括在任何法典或法令之中的法规，包括案例法和习惯法。习惯法现已被妇女宪章和回教法律应用法这两个法令所取代。

案例法包括新加坡案例法（由新加坡法庭裁决的案件）和被新加坡接受的英国案例法。法官在裁决前必须回顾从前所裁决的类似案件并采取同样的原则进行裁决，这就是司法先例在判例法中的应用。

司法先例的应用必须具备以下前提条件：

(a) 要有一个可靠的判例汇编系统；

(b) 法庭必须遵从上级法院的判决；

(c) 若先例的事实情况非常相似，法庭必须遵从先例的法律原则。

1.2.2　新加坡法律的制定及立法程序

新加坡法律的立法程序为：

(a) 法案的发起阶段

国会是国家的立法机关，任何一项法令的颁布都需要通过法案的发起阶段和法令的形成阶段。法案在国会发起前，由法制部的立法部门负责拟定有关条例。任何议员均须在国会中提出任何法案或任何应予讨论的动议，或向国会递交任何请愿。这种议案、动议和请愿，应按议会议事规则讨论和处理。

(b) 法令形成阶段

法案在形成法令前需经过以下步骤：

(i) 第一次宣读

法案由部长或有关议员首次宣读，然后印刷成册。

(ii) 第二次宣读

首先，由国会辩论有关法案的原则、适用性及实用性。辩论结束后，国会将投票表决是否进行第二次宣读。一旦国会表示赞同，该法案将被提交给国会委员会或选拔委员会。

(iii) 委员会阶段

负责审查法案的各个条文，并进行必要的删改和补充。

(iv) 呈报阶段

委员会将向国会呈报法案的完整文本。若国会认为法案需加以修改和补充，可再次将法案交回委员会审查。

(v) 第三次宣读

第三次宣读的程序与第二次相同，只是辩论的范围较窄。第三次宣读对法案不会有重要的删改。修改后，投票表决通过法案。

(c) 总统少数民族权利监督委员会阶段

第三次宣读法案后，法案由总统少数民族权利监督委员会审批。但不包括财政法案、紧急法案及一般牵涉国防及国家治安的法案。法案不应包含歧视少数民族和宗教的内容。如少数民族权利监督委员会呈上不利的报告，国会将有两个选择：或者再次删改后交回委员会审批，或者将法案提交给总统批准。

(d) 总统批准阶段

总统批准后法案将成为法令。

(e) 向国会陈述

政府通过各大报纸向民众征求对法案的意见，由斟酌理事会接受民众的陈述，并要请陈述人呈上口头证明，在获取证明后，进行可行的删改，将总汇报呈交给国会。

虽然新加坡的法律制度在很大程度上借用英国法律，但它也受到其他国家法律的影响。例如，新加坡的刑事法典、证据法令和程序法典，主要是在19世纪从印度借过来的。新加坡的公司法比较接近大洋洲而不是英国的模式，而且本地法庭长年累月也积累了不少判例。

新加坡法律制度主要属于习惯法，但它也具有一定的法律多元性，也就是说，在一个国家不同的法律应用于不同的群体，管理回教社群的宗教、婚姻和相关的事务的回教法就是一个例子。它由不同的法庭制度和司法官员管理。

1.2.3 新加坡的司法辅助机构

除法院系统外，新加坡国际仲裁中心及新加坡社区调解中心作为新加坡法院系统外的司法协助机构，在处理民事纠纷过程中也起着不可忽略的作用。

1.2.3.1 新加坡国际仲裁中心

(a) 国际仲裁中心的宗旨

新加坡国际仲裁中心于1991年7月1日正式开业。其宗旨主要是为国际和本土的商业机构提供仲裁及调解服务，促进以仲裁和调解的途径解决商业纠纷，采用庭外和解而不通过诉讼解决纠纷；培养一批仲裁员使其成为仲裁实践和有关法律方面的专才。

(b) 仲裁协议

仲裁协议是指同意将当前或将来发生的争议提交仲裁的书面协议，且不论该协议中是否指明仲裁员的姓名。

根据仲裁法的规定，仲裁协议除其中有相反的意思表示外，非经法院或法官的撤销，仲裁协议始终有效，并具有同法院命令同样的效力。仲裁协议不因协议一方的死亡而失效。如一方死亡，该仲裁协议应由死者的代表执行或对死者的代表执行。被指定的仲裁员的权力不因仲裁协议一方的死亡而受影响。

(c) 仲裁裁决

依仲裁协议所做出的仲裁裁决经法院和法官的许可后，可与法院的判决和命令一样被执行。并且，一旦法院或法官发出该许可后，法院可对仲裁裁决的内容做出裁决。

1.2.3.2　新加坡社区调解中心

调解是一个自愿性程序，在该程序中，调解员作为公正的第三人帮助涉案的当事人友好解决纠纷，化解矛盾。通过采用被广泛认可的程序，当事人可以尽快解决纠纷，从而避免诉讼。

(a) 社区调解中心的任务

按照社区调解法令第49A章条文的规定，于1997年设立了社区调解中心，负责协调和监督社区的调解工作；负责筛选、训练、委任社区调解中心的调解员；促进调解、仲裁和其他非诉讼方式的使用来解决纠纷。

首个社区调解中心设立于马林百列，在1998年1月9日开始运作，主要是为新加坡的居民服务。其主要任务如下：

(i) 为那些涉及家庭、社会、社区和其他相关纠纷，但不涉及应被逮捕的罪案的公众人士提供调解服务；

(ii) 调解纠纷：按照当事人的需要并考虑到他们的利益，对纠纷进行调解；

(iii) 通过讨论案件的利与弊，对案件做出裁决；

(iv) 确定当事人之间的费用；

(v) 确定赔偿金的数额。

目前，社区调解中心跟初级法院以及通过邻里警岗和警方携手工作，接办那些适合的、能在较友好和具建设性的情况下通过调解获得解决的案件。此外，它也接办由国会议员、基层领袖和社区发展理事会推介的案件。

调解服务是免费的，但申请者在注册时应交5新元的手续费。

1998年，社区调解中心接获220起要求调解的案件，有101起案件获准调解，其中66起案件成功调解。

第二社区调解中心于1999年在宏茂桥开幕；另外两个分别位于北部和西部的社区调解中心，已于2000年底之前建立。

(b) 调解员

调解员是被争议方指定的，或由调解中心任命的主持调解的公正的第三人。调解员不是法官，他不会决断哪一方的是非，更不会为争议做出判决，他帮助当事人从不同的角度看待和解决他们的争议。一般来说，调解员在其行业或社会中是具有权威的人或知名的专家。

(c) 调解方式

新加坡国际调解中心采用的是一个促进式的调解方式。调解员仅主持当事人间的会面，保证双方当事人符合多方和解的基本原则，并积极鼓励当事人相互沟通、协商，帮助当事人从多方面讨论解决问题的方法，最终达成多方和解协议。争议方的多方和解协议具有类似于合同的法律效力。但调解员不参与实质性的讨论和评价，和解的达成完全取决于当事人自己的意愿。

第2章
商 业 主 体

2.1 各类商业主体

2.1.1 商行

在新加坡，独资企业（Sole Proprietorship）或合伙企业（Partnership）被视为商行，自然人以及公司可以设立和拥有商行。然而，商行不是独立的法律实体，不能登记其他的商行。

外国公司除非已经按照公司法的规定进行了登记注册，否则，也不能注册商行。

2.1.2 独资企业

独资企业是由一个自然人或一个本地设立公司所拥有的商行。它没有合作人。独资企业在商行的经营中拥有绝对的决定权。

2.1.3 合伙企业

合伙企业由一个以上的自然人或公司组成。一般说来，全体合伙人在经营合伙企业过程中拥有平等的权利。为了避免可能出现的纠纷，合伙人之间应制订合伙协议。合伙企业可以有 2 至 20 个合伙人。一旦合伙人超过 20 个，该商业实体就必须按照公司法第 50 条的规定注册成为公司。

有限责任合伙是一种承担有限责任的合伙企业。它具有法人资格，能够订立合同、拥有资产和存续，合伙人的变化不会影响其存续。它具有合伙企业一定程度的内在灵活性，却没有公司如此繁冗的披露要求。比如，有限合伙不需要备案和审计其账务，或聘任公司秘书。

2.1.4 公司

公司是指按照公司法第 50 章规定而设立的商业实体。与独资企业或合伙企业这些商行不同，公司具有法人资格，即有权拥有资产，能够以自己的名义起诉与被诉。公司名称中通常会有“Pte Ltd”或“Ltd”的字样，作为其名称的一部分。

2.1.5 外国公司的分支机构

外国公司是指在新加坡以外设立的公司。外国公司要在新加坡开办业务，必须事先按照新加坡公司法的规定对其分支机构进行登记注册。任何要登记分支机构的外国公司应聘请新加坡的专业公司或服务机构，如律师事务所或会计师事务所，协助申请登记。

2.1.6 代表处

外国公司若有意探寻在新加坡经商的可能性或者以新加坡为跳板向亚太地区发展，可以预先设立代表处。外国公司在做出投资决定前，欲先测试新加坡的商业环境，此时就会考虑先设立代表处。然而，外国公司应认识到，对于他们长远在新加坡运营而言，在公司和企业登记处登记成立公司还是必要的。

外国公司可以在新加坡设立代表处，代表处以其母公司名义从事促进、联络活动。但是，代表处不能直接或以其母公司名义参与经营、订立合同、提供收费咨询、承担货物转船运输、开立或议定任何信用证。

新加坡国际企业发展局为制造业、商业服务、商务和其他行业的企业提供代表处登记，而新加坡金融管理局为相关的金融企业提供代表处登记。

2.2 商业主体的选择及其利弊

2.2.1 公司的优点（与个体经营户或合伙相比之下）

（a）公司具有与经营人相分离的独立的法人资格。

（i）公司能以自己的名义拥有财产，一旦财产由发起人转移至公司名下，它就不再属于发起人所有。

（ii）公司能以自己的名义承担债务和责任，所以，公司成员不会承担相应的责任。

（iii）公司能以自己的名义起诉和应诉。

（b）设立当地公司所需的时间不会比设立独自企业、合伙企业或外国公司分支机构所需时间长许多。

（c）设立当地公司没有最低资本要求。

（d）当地公司适用单层公司税收制度。

（e）当地公司需要至少两个股东，而合伙有 20 个成员的最高人数限制，但是开展专业职业的合伙除外。

（f）非法人社团的成员死亡时，该社团即终止。然而，没有营业、没有董事和股东，公司也能存续。

2.2.2 公司的弊端

独资企业的终止比较容易。合伙企业则须依据合伙人之间的协议而解散。但是，公司除依照公司法规定的适当法律程序之外不能被终止。

2.3 公司类型

2.3.1 私人有限公司

（a）私人公司

这是一个在当地设立的法人公司，股东人数为 50 人以下。

（b）豁免私人公司

此类公司：

（i）拥有不超过 20 人的股东，并无法人股东；

（ii）完全由政府所有并由部长以国家利益为理由，通过政府公报宣布为豁免私人公司。

2.3.2 公众公司

（a）公众股份有限公司

公众股份有限公司是一个在当地设立的法人，其股东人数可以超过 50 人，公司可以通过公开发行股票和债券的方式募集资金。公众公司在公开发行股票和债券之前，必须向新加坡金融管理局登记招股说明书。

（b）公众担保有限公司

公众担保有限公司是从事具有代表国家或公共利益，如提倡艺术、慈善等非营利性活动的组织。部长会批准公司的设立，而无需在公司名称中增加“有限”二字。

（c）公司类型的转变

私人公司能够变更为公众公司；反之，亦可。具体情况可以查阅公司法或咨询专业意见。

2.4 商业活动的许可

要开设独资企业或合伙企业，你必须按照商业登记法（the Business Registration Act）的规定进行登记，除非你的商业活动被会计与企业监管局（the Accounting & Corporate Regulatory Authority）免予登记。而设立公司，你必须按照公司法的规定进行登记。有限责任合伙在新加坡属于一种较新的经营载体。有限责任合伙赋予其所有者合伙企业经营的灵活性，又同时让他们享有有限责任。它结合了合伙与私人有限公司两者的优点，要设立有限责任合伙，必须依照有限责任合伙法（2005）的规定进行登记。

这些法令都由负责规范新加坡公司、商业、有限责任合伙和会计师的会计及企业监管局来执行。

你可能需要申请其他的许可证来开展相应的商业活动，如公共娱乐许可证、食品业许可证、广告业许可证、从事居住性社交活动许可证（养老院、孤儿院等）或其他活动的许可证。

为方便起见，在你注册商行或组建公司时，你也可以通过访问www.business.gov.sg为你的商业活动申请所需的许可证。

2.5 商行的设立

2.5.1 在新加坡注册商行的三种方式

（a）登录 www.psdi.gov.sg 网站提交设立新商行的申请。

（b）聘请专业公司或服务机构协助申请设立新商行。

（c）打电话给会计及企业监管局（ACRA），通过服务站自助店的 Bizfile 或 Bizfile 事务中心提交申请文件。

2.5.2 注册前的注意事项

（a）在注册商行前，需要你决定经济商行的性质。你可以在新加坡标准工业分类（SSIC）上在线免费搜索适用你商业活动的分类代码。

（b）为节省注册时间，你应该核对商行及公司名录以查看你的商行名称是否已经被使用。

2.5.3 注册要求

（a）年满 21 周岁的个人方可注册商行。

（b）按照公积金（CPF）法的规定，所有年贸易净收入超过 6 000 新元的自聘人员都必须缴纳医药储蓄费用。如不缴纳，则构成违法。初犯者可收到最高金额达 2 500 新元的罚款，再犯可受到最高金额达 1 万新元的罚款。

（c）从 1994 年 1 月 1 日起，自聘人员若申请注册新的商行、成为既存商行的所有者或更新营业登记，都必须存钱入公积金会员的医药储蓄户头。如果你已经拥有一个商行，那么你必须按时将钱存入你的公积金会员的医药储蓄户头，方可申请注册新的商行。你可以拨打中央公积金委员会（CPF）的免费长途电话 1800 – 227 1188 询问。

若需查询医药储蓄户头状态（即你是否对中央公积金委员会有未支付的医药储蓄债务），请使用你的身份证（NRIC）号码登录 www.cpf.gov.sg 网站。如果你有未支付的医药储蓄债务并且希望核对未支付的账目，请使用你的身份证号码和通信证（Singpass）登录 www.cpf.gov.sg 网站。

（d）系统会处理申请并将申请结果通知所有人。一旦名称获得批准，所有人须支付名称审批费用 15 新元及登记费 65 新元。新商行的注册从登记之日起 1 年内有效。

（e）注册的经营地址不应是邮政信箱地址。

（f）根据《住宅办公规定》，所有房主都被允许在其房屋内从事小规模的营业活动。这个方案对私人和建屋发展局（HDB）的房产都适用。要询问《住宅办公规定》的情况，可以联系：

（i）HDB 的办公服务分线：1800 866 3030 或 E – MAIL：cly2@hdb.gov.sg

（ii）URA 的客户服务热线：6223 4811 或 E – MAIL：ura _ cso@ura.gov.sg

（g）商行想拥有 .sg 的域名、网站及电子邮件，必须向新加坡网络信息中心登记。

（h）任何非新加坡永久居民的外国人要想注册商行，并积极参与商行日常经营管理的，都必须申请原则性批准就业准证（AIP – EP）。这适用于没有聘任本地管理者的情形，外国人也必须有新加坡的住址。在获得 AIP – EP 之后，外国人将必须选择使用专业公司、服务机构或 ACRA 服务台协助代其提交 Bizfile 事项。

（i）持有现在受聘的公司的有效工作准证（EP）的外国人，希望开设自己的商行而同时又不辞去现有工作的，在申请他的 AIPEP 之前不需要取消他现有的（EP）工作准证。他需要提交一封现在受聘单位的无异议信函，他的 AIPEP 就将被视为申请另一个公司的工作准证。

（j）但是，如果外国人希望离开现在的职位，那么他就需要在申请 AIPEP 之前取消现在的工作准证（EP）。

（k）有效的家属准证（DP）也意味着一个外国人将自动有资格成为商行所有者及本地管理者，但他的商行必须先在 ACRA 注册，然后向工作准证部门申请一封工作同意函。

(l) 仅想以独资企业和合伙形式投资并且不参与日常经营管理的外国人不需要工作准证。如果他需要非经常性、短期的在新加坡关注经营发展，他只需要申请访问签证。

(m) 每个商行都必须将其登记商行全称及注册号打印在用于营业目的的信头、发票、支票及其他文件上。

2.5.4 申请过程的时间

注册一个商行的时间少于2个小时。ACRA也将决定是否该申请需要提交给其他部门批准或评价。比如，你想从事房地产业务，你的申请将提交给许可机关——新加坡国税局（IRAS）。当申请提交给另一个部门时，所需时间大概14天到两个月。

2.5.5 更新要求

(a) 从2003年1月13日起，新注册的商行营业执照有效期为1年。2003年1月13日以后登记的所有商行的营业执照每次更新均为1年。营业执照延期可以由Giro或通过Bizfile在线申请。申请费用为20新元。如果营业执照没有更新，那么根据《商业登记法》第13条的规定，商行注册可被登记官注销。

(b) 商行所有者必须有按时支付他们的医药储蓄所需款项。

2.5.6 变更通知

(a) 所有者必须将商行的任何变更事项在变化发生之日起14日内告知登记部门。他们可以通过Bizfile提交通知。此项费用为20新元。

(b) 如果他们进行了商品及服务税登记，公司章程发生变化时（如从个体经营户变更为合伙，或相反，或变更为有限责任公司），他们必须立即传真至63513553告知新加坡国税局（IRAS）。

2.5.7 商行的终止

商行所有者必须将商行终止或中止情况提交www.bizfile.gov.sg网站以告知登记部门。终止必须支付20新元费用。

2.6 设立公司的程序

2.6.1 本地公司的设立

要求：

（a）年满21周岁的任何人都可以设立本地公司。

（b）任何人想要设立本地公司都可以聘请专业公司或服务机构协助其通过Bizfile准备设立申请文件。

（c）商行可以变更为公司。如果所有者希望保留原名称，他得通过Bizfile递交名称申请。但是，法律不允许注册同样的名称，企业主须承诺从公司设立之日起3个月内停止其商行的业务。

（d）从2004年4月1日起，公司可以有一个董事，但必须是长期居住在新加坡的居民，即新加坡公民、新加坡永久居民、持有工作准证者（EP）/AIP letter或持有家属准证者。任何年满21周岁的人都可以被聘为董事，但有些个人，如破产者，就没有受聘董事的资格。

如果你是公司的提名董事，可以用新加坡中央公积金局（CPF Board）签发的新加坡通信证（Singpass）在线申请。

外国人如果希望成为公司的本地董事，可以按照商业入境证（Entrepass）计划向人力部就业准证处申请就业准证或AIP批准函。

（e）公司法规定在公司注册前必须进行公司名称的审批。申请公司名称审批可以通过Bizfile在线提交，也可以由新公司的提名董事提交。

（f）公司名称审批通过后，公司可以通过在线设立。对于自己设立公司的情况，提名董事、秘书及发起人必须在提交设立申请3日内通过Bizfile使用他们的Singpass在线签署同意。

（g）申请延长名称保留期限另外60天，可以在支付每个获准名称申请费10元后在线提交。

（h）电子邮件通知是对本地公司的设立、公司名称的变更、费用登记及外国公司注册的正式确认。

2.6.2 注册外国公司的分支机构

外国公司是指在新加坡以外设立的公司。外国公司在新加坡开办业务之前，必须按照公司法规定对其在新加坡的分支机构进行注册。任何外国公司要想注册分支机构，都必须聘请新加坡的专业公司或服务机构，如律师事务所或会计事务所来协助注册申请。

要求：

注册外国公司前，你必须先获得公司名称的批准。你可以聘请专业公司和服务机构代表你通过Bizfile在线提交申请。如果你是公司的提名代理人，你可以使CPF Board签发的Singpass在线申请。每个获准公司名称的申请费为15新元。获准的公司名称将保留60天。如果需要更长时间，你可以在线申请延长另外60天，每个获准名称的申请费为10新元。申请注册外国公司必须由专业公司通过Bizfile在线提交，而不是个人。股份有限公司的注册费用为300新元，不论它的授权资本数额多少。

2.7 公司设立之后及成立时考虑事项

子公司一旦设立后，就必须考虑法律、税收、注册登记及其他事宜。

主要包括：

(a) 从2004年1月1日起，如果你的年营业额预计超过100万，需按照5%的固定税率登记商品和服务税。

(b) 中央注册号、进（出）口海关清单。

(c) 公司设立3个月内聘请审计人员。

(d) 公司设立6个月内聘请公司秘书。

(e) 为公司及本地员工进行公积金登记。

(f) 开设银行账户。

(g) 建立会计及工资支付制度、账簿及管理报告及每月员工工资。

(h) 流动资金（营业资本）要求及最低实缴资本。

(i) 员工的保险单。

(j) 外国员工就业准证及家属准证（如适用）。

(k) 办公及住宅租赁。

(l) 申请政府许可或批准。

(m) 投资激励、创新发展计划及研究补助金。

(n) 在公司成立的18个月内召开年度股东大会。

以上所列举的事项仅反映了外国公司在新加坡设立实体的一些常见事项。

2.8 董事及管理

2.8.1 董事

从2004年4月1日起，公司可以只有一个由新加坡普通居民，即新加坡公民、新加坡永久居民、具有就业准证（EP）/AIP letter或持有家属准证（DP）的人，担任董事。

如果只有一个董事，那么这个单独的董事与公司秘书不能同为一个人。

2.8.2 秘书

每个公司在设立之日起的6个月内必须聘请一名秘书。

2.8.3 审计员

公司应当在设立之日起的3个月内聘请审计员，除非该公司按照公司法第205B条或第205C条要求无需审计员。

2.8.4 归档记录

（a）具体事项变更、公司管理人员及审计员聘用的终止。

（b）审计员所有者及合伙人报告。

2.9 财务报告及审计（法定要求、会计惯例）

2.9.1 本地公司的年度报表

当地公司必须在其设立之日起的18个月内召开年度股东大会，并向股东提交公司账目。这些账目截止日对于私人公司和非上市公众公司而言，则必须在年度股东大会召开前6个月内；对于上市公众公司，则必须在年度股东大会召开前4个月内。在此以后，每隔一年召开一次年度全体大会，但不得迟于上次会议召开以后的15个月。公司必须在年度全体大会召开后的1个月内通过Bizfile对其年度报告与账目或者豁免私人公司证书进行在线备案。如未遵守这些法定要求可能会使公司及其管理者受到检控。年报简述必须在年度报告提交前的14天内通过Bizfile确认。

此外，如果公司的财务年度是从2003年5月15日或之后开始的，依据公司法第205B条及第250C条规定不需审计的无营业公司及豁免私人公司必须按照公司法第205B条第四项（d）的规定对董事声明进行备案。如果公司董事超过一人，这项声明必须由至少两名董事签署。

（a）私人公司

需要备案的商业文件记录：

（i）拥有股本的本地公司的年报简述。

（ii）拥有股本的本地公司的主要报告。

（b）公众公司股份有限公司

需要备案的商业文件记录：

（i）拥有股本的本地公司的年报简述。

（ii）拥有股本的本地公司的主要报告。

（c）公众担保有限公司

需要备案的商业文件记录：

（i）没有股本的本地公司的年报简述。

（ii）没有股本的本地公司的主要报告。

（d）其他有关的文件记录

需要备案的商业文件记录：

（i）财务年度变化通知。

（ii）依照公司法第202条规定，申请免除会计及报告的内容与形式要求。

2.9.2 外国公司的年度报告

（a）外国公司的年度备案

公司法第373条要求，外国公司必须在其年度大会召开后的两个月内，或者从其财务年度起7个月内，对其新加坡的分支机构的年度报告及审计账目进行备案。

（b）公司可以符合备案要求

需要备案的商业文件：外国公司的年度账目。

（c）公司未能符合备案要求

外国公司未能完全符合公司法第373条规定要求的，可以向登记官申请免除对总部和分支机构账目的内容与形式的相关要求。

（d）外国公司账目备案时间的延长

外国公司如果按照其本国关于设立公司的法律规定不需要召开年度股东大会及准备资产负债表，则应依照公司法第373条第四款要求在规定期限按规定的格式与内容要求（如同公众公司的董事依照公司法要求所准备或取得一样）准备并提交给会计及企业监管局一份资产负债表。

需要备案的商业文件：

（i）外国公司延长账目备案时间的申请。

（ii）外国公司账目的年度备案。

（iii）本地分支机构账目的备案豁免。

申请豁免必须在总公司年度股东大会召开的2个月内（适用公司法第373条第一项），或者公司上一财务年度的7个月内（适用公司法第373条第四款）提出，否则不予考虑。此项申请费为30新元。

需要备案的商业文件：

（i）外国公司申请豁免当地分支机构账目的备案。

（ii）外国公司账目的年度备案。

会计及报告的形式与内容要求的豁免：

此项申请必须在公司上一财政年度末的7个月内提出，否则不予考虑。此项申请费为30新元。

需要备案的商业文件：

（i）依照第373条规定申请免除会计及报告内容与形式的要求。

(ii) 外国公司账目的年度备案。

2.10 企业融资

股份有限公司主要融资来源包括：

(a) 股本；

(b) 债务融资；

(c) 表外融资，如设备租赁和项目融资；

(d) 贸易融资；

(e) 留存收益。

也可以设计各种具有股本和债务特点的公司债券，如可赎回的优先股。

2.10.1 股票的种类

公司的股本是指公司成员在认购其股票时投入公司的资金和资产。股票有不同的种类，各种股票又有不同权利。很多公司选择发行两种股票——普通股和优先股。

普通股享有以下权利：

(a) 全体普通股股东享有在所有债权人得到清偿之后平等地分享股息的权利；

(b) 在公司股东大会上投票的权利；

(c) 公司清算时，享有在所有债权人得到清偿之后按照其股份比例受偿资本的权利；

(d) 享有在公司清算时按比例分配剩余资产的权利。

普通股股东承担大部分风险，也在董事和经理得到报酬后享受大部分的收益。

2.10.2 优先股

(a) 在公司具有可分配的收益并且申报了股息后，享有获得固定股息的权利。

(b) 公司清算时，享有优先于普通股股东受偿本金的权利。

但是，除非公司拖欠股息，或涉及公司资本减持、公司清算的决议时，或在涉及影响优先股权利的类别股东股权的会议上表决外，优先股不享有投票权和在停产歇业时的剩余资产分配权。

三种类型的优先股：

(a) 累积优先股；

（b）可赎回的优先股；

（c）可转换的优先股。

2.10.3 资本维持

公司在运营时，减少资本会受到一定限制。

换句话说，资本维持意味着：

（a）股息的支付只能来自于利润。

（b）法律对于公司收购自己或其控股公司的股票和以其股票或控股公司股票提供担保有很多限制。

（c）法律对公司给予向他个人提供财务资助以收购本公司股票或控股公司股票有许多限制。

上述（b）被禁止是因为：

（i）公司董事会和高级管理人员可能以牺牲公司利益为代价而购得大宗股票以确立他们的控制，他们会利用这种权利行使有利于他们的表决。

（ii）公司管理人员可能会借此操纵股票价格。

（iii）产生实质性的错误表象，而事实上公司的唯一财产仅是公司股本。

（iv）部分成员能有机会以更有利的条件将股份出售给公司，这样会使部分成员受到不平等对待。

资本维持的例外：

（a）可通过利润或发行新股所得赎回优先股。

（b）被允许的股份回购。

（c）被允许的减少股本（由章程授权通过特别决议且获得法院批准）。

（d）被取消的作废股份。

2.10.4 借款

公司可获得的债务资本的来源有很多种。银行是公司借入资本的一个重要来源。其他包括以发行债券的形式直接向公众投资者筹集债务资本，或者向私人借款。

对公司的贷款或其他财务安排可有或无担保。

担保贷款是指公司给予债权人其财产上的特别权利，当公司不履行债务时，债权人可行使特别权利取回其所贷款项。担保可以采取抵押或质押的形式，这使债权人享有申请将担保财产用于偿还其贷款的权利。

公司可提供的担保包括固定担保（如抵押、质押、动产或者流通证券）和浮动担保。

2.11 成员

2.11.1 投票

（a）公司成员通过在其权限范围内行使投票权来实现对公司的控制。有绝对控制、特别控制、多数控制和有效控制几种不同层次的控制。

（b）成员享有对公司备忘录、组织章程、公司法和一般法律所保留事项的投票权。

（c）按照公司法第 26 条和第 37 条规定，特定变更事项需要成员的特别决议，如公司备忘录和组织章程的变更、公司名称和类型的变更及自愿解散的启动。

2.11.2 成员拥有投票权的事项

（a）公司组织和章程的有关事项，包括：

（i）公司备忘录和组织章程的变化（如公司法第 71 条允许公司改变有关股本的规定）。

（ii）公司名称和类型的变更（由私人公司转变为公众公司，反之亦可；由有限责任公司转变为无限责任公司，反之亦可）。

（iii）变更类别股东股权。

（iv）影响股本的事项（如发行新股、现有股份的回购、减少资本、通过收购本公司或控股公司股份提供财务资助）。

（b）董事会组成和审计人员选择的有关事项，包括：

（i）任命和免除董事成员（需要注意这取决于所讨论的公司类型和备忘录与组织章程的规定）。

（ii）董事成员的部分报酬和福利（如公司法第 168 至 169 条的规定）。

（iii）聘用和免除公司审计人员。

（c）成员有权否决的事项，包括：

（i）某些收购与重组。

（ii）上市公司、其子公司与关联公司的关联交易。

（iii）上市公司的某些重大交易行为。

（d）启动自愿解散。

（e）当董事会不能行使权利或认可董事违反其义务时，通过决议决定。

2.12 会议和决议

2.12.1 会议类别

公司法第175条规定，所有公司必须在每个公历年度内至少召开一次成员会议（“年度全体大会”）。年度全体大会（AGM）必须在上次年度全体大会召开的15个月内举行。公司设立的当年不需要召开年度全体大会，但第一次年度全体大会必须在公司设立之日起的18个月内举行。

但是现在，如果全体成员通过决议，私人公司被允许免于召开年度全体大会，那么必须在年度全体大会上做的事情现在可以书面方式通过决议来实现。任何成员都可以在年末前至少3个月通过发出请求通知来要求召开年度全体大会。

此外，所有拥有股本的公众有限责任公司都必须在营业开始前的1个月至营业开始后的3个月内召开全体大会，即“法定大会”。

其他会议中还有特别大会。公司可以召开类别股东大会，类别股东必须通过独立决议批准改变或取消类别股东的权利。

2.12.2 会议的召集

大会召集的方式主要由公司章程和公司法的条文来规定。

法定最低人数的成员可以要求董事召开会议也可以自己召集会议。两个或两个以上拥有已发行股票10%以上的成员，或者5%以上的公司成员人数，或者章程规定人数更少的成员可以依照公司法第177条规定召集会议。此项权利不因公司章程条文的相反规定而被排除。如果成员自己召集会议，他们就必须支付召集和举行会议的费用。

2.12.3 会议议程的决定

（a）通常会议的召集人决定会议的议程。

（b）然而，成员无权提出以下议案：

（i）超越公司或会员大会的权限。

（ii）决议事项需要通过某类别的决议，而欲通过的决议与所需类别的决议不同。

（iii）违背公共政策的事项。

2.12.4 通知要求

（a）有权接收会议通知的人。

(b) 通知提前发出的期限。

(c) 通知的内容。

(d) 会议将要处理的事项(特别是,限制会议需要讨论事项于通知所定内容中)。

2.12.5 代理人

公司成员如果不能或不愿亲自参加会议,他有权委托一人或多人作为其代理人,代其参加会议和在会议上投票。

2.12.6 主席的作用

如果公司章程没有另外规定,公司成员可以推选出席会议的任何人为主席。公司成员在表决会议上享有发言权,但这并不意味着主席可以让每个成员依其意愿一直发言。相反,主席只需让所有成员有一个合理的机会参与发言。

2.12.7 普通和特别议案

一项普通议案必须获得出席会议并参加表决的成员所有投票数的过半数支持才能通过。而一项特别议案必须获得出席会议并参加表决的成员所有投票数的75%以上票数支持才能通过。如果一项议案要以其他方式获准通过,它必须要有章程或公司法的明确规定。

2.12.8 无需召开会议的决策

(a) 公司如果只有一个成员,那么议案只需该成员记录并签字就可以通过。

(b) 经董事提出,私人公司可以以书面方式通过议案,如果公司成员要求,私人公司可将决议文本的复件发送给所有成员。

2.12.9 全体一致同意

公司成员受到全体成员一致通过的决议的约束,即便该决议的形式未遵循召开全体大会的要求,只要:

(a) 存在事实上而非潜在的认可。

(b) 该认可是在知晓所有应知事实的基础上。

(c) 该认可由全体有权接受会议通知的人做出。

(d) 成员的决议应当在成员的权限范围内并以合理目的做出,并不涉及董事专有权范围内的事项。

但是,这条原则并不适用于那些需要特别决议的事项。

第3章 商 业 合 同

3.1 合同的基本要素（合同法）

当某商人欲与他人签订合同或达成协议以实现某特定目的时，他必须注意到一些基本要素。不然将导致他的目的不能实现。

3.1.1 当事人

该商人必须确定他的合同相对方的身份，并知道对方的全名。如果对方是一个公司，他还应知道该公司的注册号、注册地址或总部地址。合同相对方可以是个人、合伙企业、公司、政府机构或其他商业组织。

商人应获知合同相对方准确、完整的名称，这一点十分重要。这是因为一个不准确或不完整的名称可能导致合同无法约束商人原本所认同的合同相对方。由于无法确定合同相对方的身份可能导致合同无效，建议该商人在无法确定时寻求专业人士的帮助。

3.1.2 清楚而准确的条款

商人得小心谨慎，以确保合同内容符合他的真实意思或者是他所愿意遵从的。这是因为根据对价原则，商人若欲使合同相对方遵守合同的约定，他自己也应当完全履行合同条款。

3.1.3 付款

商人必须注意合同中的支付条款。他需要约定付款金额、支付时间，以及合同相对方为各付款项目应履行的义务。

如签订销售或服务合同，建议商人不要同意在对方发货或提供服务之前付款。对他来说，实际的做法是，在付款之前先检查货物或服务。

3.1.4 日期或时间条款

对商人来说，确保合同中有明文规定履行的时间是非常重要的。

另外，在销售合同中，商人也应该考虑商品的交付时间与商品的保证或维护期限。在一般的商业交易中，有关交付及运输时间的条款通常是关键。如果一个交付日期确定了，而销售方未能在该日期交付，即构成违约，买受方就有权拒绝履约或终止合同并提起未交付之诉；然而，他也可以接受迟延交付，放弃拒绝履约的权利。如果买受方选择后者，他将丧失拒绝接受商品的权利，但可以请求损害赔偿。在服务合同中，商人也应该考虑完成履行服务义务的时间及给付报酬的时间。

3.1.5 终止

在许多合同中，终止合同的权利通常是一个关键性的权利。除非在合同中有明确约定，否则通常不能行使终止合同的权利。因此，建议商人事先拟定好相关合同条款，列明有必要终止合同的情形。

另外，也建议商人拟定好合同各方对于合同的履行产生分歧时的处理条款。

除拒绝履约和根本性违约之外，各类合同往往也赋予合同各方就其他违约情形终止合同的权利。

3.1.5.1 “轻微违约”的终止

在要求一系列分期给付的合同中，较为谨慎的做法是，商人拟定一个“加速条款”，即在未及时履行某期支付时，所有的支付都到期；或者商人也可以拟定一个“撤回条款”，即一方有权在另一方没有及时支付时终止合同。

3.1.5.2 “无理由”终止

商人也可以考虑订立一个条款，允许一方在另一方无任何过错的情况下终止合同。

一个典型的例子就是合同期间为不定期的长期合同，例如雇佣合同。在此类合同中，普遍会制定明示条款，声明通过通知可终止合同，即便没有该明示条款，往往也可以轻易推断出合同是可以通过通知解除的。

3.1.6 合同的证明

一般来说，一旦要约方与承诺方达成一致，且双方提供对价时，合同就合法有效地成立了，无论该合同是以口头还是书面形式。

然而，建议商人以书面形式签订合同，并由合同各方的授权代表签署。因为书面合同方便作为未来任何一方违反合同义务时的证据。

值得注意的是，由一个未经授权的个人以一方名义签署的合同可能对该方不具有强制执行效力。所以，商人必须特别小心，确保代表合同另一方来签署合同的人具有相应授权。

3.1.7 概要

通常，商人应当注意下列合同条款：

(a) 违反合同义务的后果。

(b) 如何对合同进行修改或变更。

(c) 通知。

(d) 转让。

(e) 在什么样的情况下，合同可以终止。

(f) 发生纠纷时的处理措施。

(g) 准据法。

3.2 代理的法律规定

3.2.1 法律规定

公司是由为其工作的人来运作的，从广义上说，在此情况下可构成两类代理：

(a) 被认为代表公司的人，即，股东会和董事会。

(b) 仅代理公司做出行为的人。

公司股东以召开公司股东大会通过决议的形式来表达他们的决定。同样，董事会决议反映了董事会的意志。这些机构都可以代表公司本身。然而，股东大会或董事极少会实际运作公司的业务，如果每一个决议都要由一个委员会来做出，公司将是没有效率和竞争力的。

实际上，公司通常通过它的代理人来运作。当代理人为公司利益而签订合同与交易时，公司在什么情况下将受约束？

三类情况下，公司在法律上将承受代理人行为的法律后果。

3.2.1.1 交易是在代理人的明确代理权限范围内

如果代理人的行为是在公司明确授权处理事宜的权限内，公司就必须受其行为所约束。明确授权可采用以下方式：

(a) 法定情况：

比如刑事程序法（Criminal Procedure Code）第57节（4）规定，公司执行董事可以在公司被起诉时任命任何代表公司应诉的人。

(b) 公司的章程可以授权特定代理人，例如，董事会有权根据公司法和公司章程行使公司所有权力。

(c) 董事会可以任命代理人，代表他们履行职责。

如公司法允许董事会授权一名执行董事去行使董事会可以行使的全部权力。代理人可由股东大会或董事会通过的决议获得授权。

公司代理人可以授权给副代理人。

有时，合同中会指定由公司的债权人任命的某些人作为公司的代理人。

3.2.1.2 交易在代理人的默示权限范围内进行

即使此时代理人没有从事该行为的明示，公司仍然可以受到该行为的法律约束。代理人的默示代理权足以使公司在法律上受到约束。默示代理权无需授予，它与该工作授予的实际权力相伴而来。

在下列条件下代理人的代理行为对公司产生法律约束力：

(a) 代理人有权处理他被明确授权执行的任务的附随事件。

(b) 代理人有权从事依照其在公司的职位通常从事的工作。

关键问题是：代理人是否被合理地期待拥有这种权力。

(i) 例1：对执行董事的合理期待是：

- 代表公司签署汇票；
- 签收对公司债务的清偿；
- 为公司借款并为此提供担保；
- 任命人员处理公司业务；
- 代表公司提供保证。

(ii) 例2：对公司秘书的合理期待是：

- 在其行使行政职能的过程中，代表公司并签订合同。

(c) 代理人的权力授予来自于其上级的默许。

然而，为了使公司对代理人的行为负责，该代理人必须证明其上级已经默示允许其从事该等行为。

3.2.1.3 交易在代理人的意见代理范围之内进行

在下列条件下，公司须对其代理人的行为承担法律责任：

(a) 公司在一段时间内的行为向第三方暗示该代理人有权代表公司签订合同。需要强调的是，这里的“一段时间”必须相当长。

(b) 公司明示该代理人被授权处理正在进行的交易。

3.2.2 代理的效果

当公司受其代理人的行为约束时，一般原则是公司本身可以基于合同起诉或应诉。公司获得该合同项下的权利和义务。代理人不参与其中，并不再作为合同的当事人。

在代理人有代理权却没有公开其行为乃代表公司的情况下，一旦被发现，则代理人或公司可能面临被诉。同样，代理人或公司也有权对合同的另一方提起诉讼。

3.2.3 向代理人付款的效果

公司可以指示其代理人代表公司签订购销合同。有时，不道德的代理人可能会收取款项（公司或买方支付的购货款）后携款潜逃。接下来的问题就是如果这种情况发生的话，公司该怎么做。

（a）在公司指示其代理人进行购买，并将货款交付于代理人，代理人携款潜逃的情况下：如果卖方知道该代理人在从事代理行为，一般原则是公司继续对卖方负责。

（b）在公司指示其代理人进行销售，买方向代理人支付货款，代理人携款潜逃的情况下：如果代理人有权代为收取货款，一般原则是买方无须再次付款。

3.3 形式及登记要求

3.3.1 合同当事人的法定年龄

在新加坡，有能力订立合法有效的合同的法定年龄是21周岁。

这意味着，当无法定条款规定一个人具备法定行为能力的年龄时，法定年龄将为21周岁。

一般来说，在订立合同时，未成年、醉酒或是处于某种对自身行为无意识状态的人无须受合同的约束。

3.3.2 特殊成文规定

（a）婚姻：年满18周岁的人有能力订立婚姻契约。

（b）堕胎：任何年龄的女性均有权选择堕胎。

（c）死刑：年满18周岁的人可以适用死刑。

（d）刑事犯罪：7周岁以下的儿童的所有行为均不构成犯罪。

3.3.3 必须以书面形式签订的合同

(a) 民法 (Civil Law) 第六节规定，除非合同双方以书面形式签订，否则任何行为均不能对下列合同产生影响：

(i) 执行人或管理人做出的任何以其财产进行损害赔偿的承诺。

(ii) 被告做出的任何为其他人的债务或不履行行为负责的承诺。

(iii) 任何关于婚姻对价的协议。

(iv) 任何关于销售或处置不动产，或其利益的合同。

(v) 任何从协议签订之日起 1 年之内将不会履行的合同。

(b) 土地

对于土地的销售合同没有正式的要求。但为了使合同可被执行，必须遵照民法第六节 (d) 的规定。可执行的土地销售合同可通过四种途径产生：

(i) 土地购买意向书。

(ii) 由当事人签署的正式书面合同。

(iii) 通过通信达成的书面合同。

(iv) 口头合同书面化，例如，通过后来的通信达成书面合同。

(c) 信托

关于任何财产或其利益的信托必须以书面形式宣布，并经托管财产人签字。

3.3.4 登记要求

(a) 契约登记法

根据该法，当事人可以向注册员登记对新加坡土地产生影响的任何担保、遗嘱或遗产管理委任书。登记后，该契约在法庭上将被承认，作为相关土地权利的证据。根据该法规定，任何对土地产生影响的契约必须进行登记。

(b) 土地权利法

根据该法，土地权利一旦向注册员进行登记，就是不可撤销的，除非它与该法规定的其他权利相冲突。因此，强烈建议拥有土地权利的人向注册员进行权利登记。

可以进行登记的权利有：

(i) 自由保有的土地、租赁、抵押的转让。

(ii) 作为偿还债务的抵押。

(iii) 作为分期付款的抵押。

(iv) 租赁期在 7 年以上的租赁。

申请登记人有：

(i) 自然人。

(ii) 公司。

(iii) 外国政府。

(iv) 经法律明示授权持有土地的实体。

如果自然人是未成年人或法定无行为能力人，注册员须注明。无行为能力人的事实经公示后，对于由此人做出的财产处分，注册员将不会予以登记，除非该交易已经得到法院的准许，或者该交易未超出此人的能力范围。

至于公司，公司可以在任何交易中充当购买者，公司将被视为拥有与成年人一样的取得和处置土地的权利，并不存在无行为能力的问题，尽管公司章程可能会对此做出限制。

在这个制度下，财产转让的操作十分容易，因为该制度使得权利处于单一而开放的状态。因此，特别建议可登记权利的拥有人根据土地权利法案进行登记。

第4章 知 识 产 权

新加坡非常重视知识产权的保护，因此是全亚洲将创意和发明商业化的最佳地点之一。2002年，世界经济论坛（the World Economic Forum）和瑞士洛桑管理发展学院（the Institute for Management Development）一致认为，新加坡在保护知识产权方面居亚洲第一。

新加坡是与知识产权有关的公约和组织的成员国：《巴黎公约》（Paris Convention）、《伯尔尼公约》（Berne Convention）、《马德里协议》（Madrid Protocol）、《专利合作条约》（Patent Cooperation Treaty）、《布达佩斯条约》（Budapest Treaty）、《与贸易有关的知识产权协议》（Agreement on Trade - related Aspects of IP rights）和《世界知识产权组织》（World Intellectual Property Organization）等。

在新加坡受到保护的知识产权有专利、商标、注册外观设计、版权（著作权）、集成电路的布局设计、地理标识、商业秘密和机密信息以及植物品种。

4.1 专利法

（a）新加坡专利保护的授予

在新加坡，规范专利授予的主要法律是专利法（Patents Act）（第221章，2002年修订版）。

在新加坡，要获得专利保护必须向专利登记处（Registry of Patents）提交专利申请。专利申请中应当包含发明的相关信息，包括发明以及它如何操作的说明或披露。

（b）在新加坡的发明

专利法并未列明受其保护的发明。相反，它规定了不能取得专利的发明，并列举了为获得发明专利而必须满足的标准。

（i）什么样的发明不能获得专利？

不能获得专利的发明是指该发明鼓吹：

- 攻击性的；
- 不道德的；
- 反社会的行为。

(ii) 什么是可以获得专利的发明？

可以获得专利的发明是指该发明具有：

- 新颖性；
- 创造性；
- 工业应用性。

(c) 专利法注册程序

专利法注册程序如下：

提交专利申请——►申请日期——►程序检验——►检索过程——►授予过程

任何人都可以单独或与他人共同申请专利。专利一般授予发明人或共同发明人，因为他们是发明的实际设计人。除了授予发明人专利之外，也可以将专利授予在发明创造时依据法律、条约或合同而取得在新加坡的全部专利财产的任何人。

专利的实质申请是一个非常长的过程，需要申请人披露有关发明的信息，并通过国际检索和审查程序以确认该项发明是新发明。

申请专利时，申请人应该注意到，在新加坡首次提出申请的人一般享有优先于其他人的权利。申请日是以专利登记处收到专利请求、申请人的身份证明和发明说明之日为准。

新加坡允许在专利申请中主张优先权。如果申请先前人已经向《巴黎公约》或 WTO 成员国提交过申请，那么他可以随后在新加坡申请专利时主张先前的申请日期。但是，申请人必须在自第一次提交申请之日起的 12 个月内的新加坡提出专利申请。

(d) 专利法保护期限

在新加坡现行法律下，专利有效期是自申请之日起 20 年，该期限不得被延长。这意味着专利权人仅能在最多 20 年时间内禁止他人使用、复制或者制造该发明。

4.2 商标法

新加坡保护商标的主要法律是商标法（Trademarks Act）（第 332 章，1999 年修订版）。

(a) 商标注册可通过新加坡知识产权局（www.ipos.gov.sg）或亲自到新加坡知识产权局注册。物品及服务基本上被分为45个类别。

新加坡知识产权局会对商标的“特征性”进行审查。如果新加坡知识产权局没有提出反对，并且该商标符合注册标准，那么其注册过程通常需要1到2年。

商标被登记，一般有10年的保护期，并且在支付了更新费后可以不断延续。

(b) 商标的注册标准。

(i) 要注册为商标，该标志必须符合“标记”的定义；

(ii) 该标志应当能够由图像表现出来；

(iii) 该标志应当能够区分商品或服务。

如果能满足上述注册标准，标志的所有人可以按照商标法的规定申请注册商标。但是，他还需要证明该标志正在与那些商品或服务相关的贸易过程中使用，或者他有实际的意愿在贸易过程中使用该标志。

(c) 商标注册人的权利。

商标注册人在其商标所注册的相关商品或服务的贸易中享有独占使用该商标的权利。这种独占使用权并不限于图形表现上的商标，如该使用可以包括商标的口头使用或作为标志。

商标法也举例说明如何使用标志：

(i) 他可以将该标志用于商品或其包装；

(ii) 他可以以该标志名义销售或储存商品，或以该标志名义提供服务；

(iii) 他可以以该标志名义进、出口商品；

(iv) 他可以将该标志用于发票、酒类一览表、目录、商业信函、价格单或其他商业文件，包括以任何媒介形式存在的文件中。

(v) 他可以将该标志用于广告。

4.3 版权（著作权）

小说、软件程序、剧本、活页乐谱和绘画等作品受版权保护。一般来说，版权所有者享有复制、出版、表演、传播和改编其作品的权利。这些权利使他能够支配对其作品的商业利用。

版权是一种财产权。它可以单个权利（如复制权）或整体权利（如作者对其作品所拥有的全部权利）的形式被许可或转让。

对于受版权保护的作品来说，它必须是独创和确定的，或以录制或文字这样的有形形式表现出来的。独创性仅仅指在作品的创作过程中具有一定程度的独立努力。它并不是指作品是否具有创造性的价值。

受版权保护的作品有：文学、戏剧、音乐和艺术作品。电影、录音、广播、有线电视节目、表演和出版物等其他作品也受版权保护。

(a) 在新加坡取得版权

(i) 新加坡版权材料。在新加坡，规定版权的主要法律是版权法（Copyright Act）(第 63 章，1999 年，修正版)。

根据版权法的规定，一部符合下列条件的独创作品在新加坡将享有版权：

- 作品的作者或创作人是新加坡公民或居民；
- 该作品首次在新加坡出版。

(ii) 外国版权材料。外国版权材料如果符合下列条件也能在新加坡受到保护：

- 作品的作者或创作人是加入 WTO 或《伯尔尼公约》的成员国的国民或居民；
- 该作品首次在 WTO 或《伯尔尼公约》的成员国出版。

(iii) 通常享有版权的作品类型的简要说明。

- 文学作品

版权法不关心文学价值，而仅关心独创的表达形式。一般来说，名称不享有版权；在多数情况下，短语也不享有版权，但如果要确认，建议寻求律师的意见。编辑物（如电话簿、行业名录或组织者的信息目录）属于智力创作作品，很有可能按照版权法的规定享有版权。演讲报告和翻译一般也被视为文学作品。按照版权法规定，计算机程序也被认为是文学作品。

- 戏剧作品

采取书面或其他任何物质形式表现戏剧作品时，它的创作就受了版权保护。因此，戏剧作品可以包括舞台表演、哑剧或芭蕾。电影的脚本或剧本也被视为戏剧作品。

- 音乐作品

歌曲同时是音乐和文学作品。首先，曲调和音乐乐谱可以构成受版权保护的原创音乐作品。其次，歌曲的歌词可以作为文学作品享有独立的版权。因此，这两种不同的版权可能属于不同个人所有，即歌词的作者享有文学版权而曲调的作者却享有音乐版权。

- 艺术作品

艺术作品包括绘画、雕塑、制图、雕刻、摄影、建筑或建筑模型，不论其艺术价值如何。尽管版权法没有规定，对艺术作品标准中是否要求永久或持久性仍然具有争议。例如，对冰雕或沙堡是否应该享有版权仍存有争议。在这种情形下，建议征求律师意见。

艺术作品也包括不属于以上所列例子的手工艺品。“手工艺品”这个术语存在很大争议，具体情况，具体分析，可能包括也可能不包括商业化的产品。在这种情形下，建议征求法律专家的意见。

（b）版权期限

（i）一件独创的文学、戏剧、音乐或非摄影艺术作品的版权期限为作者的终生及之后的70年。

然而，在文学、戏剧、或音乐作品的作者死亡前，如果：

- 该作品未被发表；
- 该作品未被公开表演；
- 该作品未被广播；
- 该作品未被纳入有线电视节目；
- 该作品的录制品未被以出售为目的向公众提供或展现。

该作品的版权期限为作品首次发表之后的70年。

（ii）录音作品和电影作品的版权期限为录音作品和电影作品首次发表之后的70年。

（iii）电视广播、电台广播或有线电视节目作品的版权期限为广播或节目发表后的50年。

（iv）作品刊印版本的版权期限为广播或节目首次发表后的25年。

（c）版权侵权

有三种主要的侵犯版权方式：

（i）主要侵权：在未经许可的前提下在新加坡行使版权人的一项独占权利；

（ii）授权主要侵权：处罚授权主要侵权的人；

（iii）次要侵权：处罚从侵权复制品获利的知情人。

（d）版权所有权

基本原则是作品的作者拥有版权。但是，这条原则也有一些例外：

（i）版权所有权：受雇期间创作的作品。职员在其受雇期间创作的作品，适用这条例外规定。在这种情况下，雇主享有版权。

（ii）版权所有权：委托创作的摄影、雕刻和画像。

另外一种例外情况是当事人委托他人拍照、雕刻或创作绘画或肖像。

作品的版权归属委托人，即便他不是作品的真正作者。

但是，如果作品具有特定目的，那么该目的必须传达给从事创作的受托人。受托人有权制止委托人从事除所被告知的目的之外的任何其他事情。

（iii）版权所有权：新闻雇员。如果文学、戏剧或艺术作品的作者是新闻雇员，那么报纸、杂志或其他期刊的所有人只就发表于该报纸、杂志或其他期刊上的作品享有该作品的版权。新闻雇员拥有所有其他版权。

（iv）版权所有权：转让与许可。版权所有人可以将自己的版权转让给他人。

- 他可以将版权法规定赋予版权所有人的全部专有权转让给他人，或者只转让其中的一项或几项权利。
- 他可以将其在所有国家都享有的版权转让给他人，或者仅转让在一个或几个国家享有的版权。
- 他可以将整个版权存续期间的权利转让给他人，或者只转让版权存续的部分期间的权利。

然而，版权转让必须以书面方式进行且在所有人签字后始发生效力。值得注意的是，未来作品的版权也可以按照版权法的规定进行转让。

如需进一步了解有关详情，请上（www.ipos.gov.sg）的网站查询。

第5章
房 地 产

5.1 新加坡土地概述

新加坡土地法最本质的特征是，土地所有制的基础为国家拥有所有土地，除非这种利益被让渡。因此，本章的目的是讨论各种取得土地所有权的途径及其限制。

5.2 拥有土地能力的限制

总的来说，任何根据公司法注册的公司，作为法人，都能以自己的名义拥有土地。因此，除非该公司不符合住宅产业法（Residential Property Act）的规定，绝大部分公司都有权拥有土地。但是，对于想在新加坡拥有土地的外国人或外国公司来说，可能需要符合更多的条件和规定。

5.2.1 住宅产业法

新加坡只在取得私人居住的土地方面对外国人施加限制。根据住宅产业法第2条，居住土地不包括任何在总规划中被列为用于工业或商业目的或两者兼之，不论是否占用的土地；或根据规划法或任何其他成文法获准只能用于工业或商业目的或者兼之的任何土地。因此，外国公司希望获得的商业用地或工业用地不会受到该法的影响。

5.2.2 外国人或外国公司的确定

根据住宅产业法第2条的定义，外国人指的是非新加坡公民、既不是住宅产业法第25条所承认的、也不是住宅产业法第32条所豁免的外国公司和社团。

第2条进一步阐明外国公司，或在新加坡境外成立的实体；或虽在新加坡成立，但其成员或董事均非新加坡公民的公司，也视为外国公司。

5.2.3 外国公司取得居住财产的途径

5.2.3.1 住宅产业法第25条（部长批准）

外国人申请批准购买、取得或保留居住财产。

(a) 为本法专门设立了称为居住财产咨询委员会的委员会，该委员会由一个主席和其他由部长不定期指派的成员组成，这些成员在部长认为合适的任期内工作。这些接受任命的委员在任期届满时可以连任。

(b) 受制于本条第14项：任何有意购买、取得，或保留任何房地产或居住财产权益的外国人（本条称之为该申请人），必须以房屋局长可能要求的形式向房屋局长提出申请（本条称之为该申请），获准取得或保留居住财产。

因此，要在新加坡取得居住财产的外国商人可以提交购买、取得或保留房地产或居住财产权益的申请，然后等待居住财产咨询委员会的批准。

5.2.3.2 住宅产业法第4条

住宅产业法第4条：公寓式住宅和6层以上的建筑物以及6层以上的建筑物中的公寓等。

(a) 第3条第1款不禁止外国人购买、取得或受让任何房地产或下列权益，条件是：

6层以上的建筑物（含第一层和地下层），除了HUDC公寓外的任何公寓，或

根据1998规划法经主管当局批准属于“公寓式住宅”中的任何一套公寓或住宅。

上述豁免可以不经过部长批准而实现，但以下情况除外：

(b) 未取得部长批准，第1款不能被解释为允许外国人购买或取得。

根据1998规划法，正在开发的被批准用于居住目的每座6层以上的建筑里的所有公寓；或根据1998规划法，正在开发的由主管当局批准为公寓式住宅的所有公寓。

第2款明确禁止取得公寓式住宅的全部单元，或者一幢6层以上的建筑物的所有套房。

5.2.3.3 2005住宅产业（豁免）通知

根据住宅产业法第32条第1款的授权，部长已经制定了《2005居住财产（豁免）通知》，该通知于2005年7月19号生效。

根据该通知，住宅产业法不禁止外国人购买，取得或受让任何房地产或居住财产权益的条件是：

(a) 属于根据规划法（Cap.232）批准用于居住目的的任何开发中的6层以下（包括地面第一层和地下层）的建筑物；

(b) 不是任何拥有土地的住宅。

但是，外国人不能购买或取得根据规划法批准用于居住目的的6层以下的开发中的建筑物里的所有公寓。

5.3 租赁

租赁指的是一项定期或不定期的土地权益，往往需要支付租金作为对价。这是最普遍的一种土地商业化交易，因为商人和公司，尤其是外国公司，通常只需要在一段时间内使用土地。在大部分交易中，租赁是定期或不定期的。

定期租赁：这种形式的租赁从租赁开始起有一个固定的期限。

不定期租赁：这种形式的租赁没有明确的期限，直至租赁双方通过所需通知将其解除。

租赁有效的必要条件是：

(a) 确定的期限。在固定期限租赁中，期限对租赁本身而言至关重要。因此，在租赁开始时，公司或商人必须确保财产租赁的期限得以确定，以避免在租赁后期产生争议。

(b) 通常需要支付租金。在任何租赁形式下，占用租赁财产通常需要支付租金。

(c) 租赁协议必须登记并支付印花费。

(d) 必须符合规定的形式。

当一项租赁的租赁期不满7年时，只需具有成立相关期限租赁的意愿就能产生具有法律效力的租赁。租赁协议必须登记并支付印花费。这种形式的租赁，不用经过任何登记或公告就能约束已登记的所有者。

当一项租赁的期限在7年以上时，土地所有权法要求该租赁必须采用规定的形式，更为重要的是，必须登记。

此外，财产转让和财产法律法（CLPA）第53条规定，超过7年的租赁必须采用英文契约形式，否则该租赁无效。

第6章
劳动与移民

就业准证、工作准证和其他就业签证

非本地居民要在新加坡就业必须由未来雇主保荐，并申请就业签证，该签证根据申请人的薪水、教育程度与职业性质来颁发。在新加坡工作准证的框架中，新加坡人力资源部签发的工作准证主要有两种类型：工作准证和就业准证。除了这两种准证以外，人力资源部也签发短期工作准证和培训访问准证，以便非本地居民可以分别参加短期项目和培训项目。申请必需的文件和申请处理的程序，将在下面作详细说明。

6.1 就业准证

外国专业人士、经理、行政管理人员、专家或者企业家要在新加坡工作可以申请就业准证。Q1 准证适用于每月基本工资收入在 2 500 新元以上的并具有适当的专业和教育资历的外国人士。P 准证又进一步细分为 P1 和 P2 两种准证。

P1 准证适用于那些每月基本工资收入在 7 000 新元以上的申请人，而 P2 准证则适用于那些每月基本工资收入在 3 500 新元到 7 000 新元之间的申请人。

由于认识到部分中等水平的申请人不具备申请 P 或 Q 准证所需条件却具有专业技术能力（尤其在工业领域），人力资源部在 2004 年推出了适用于此类外国人的 S 准证。

S 准证的申请人通过积分体制来评估，该体制考虑四个主要标准：薪水、学历、工作经验和工作类型。要获得 S 准证，申请人的月基本工资收入要达到 1 800 新元。不限制 S 准证的持有者没有国籍、在新加坡最长就业期限以及最大就业年龄（仍受制于现行退休年龄）的限制。

提交申请所需文件与处理时间：

申请人要提交：

(a) 已填妥的人力资源部规定的表格8的复印件一份；

(b) 保荐人的声明；

(c) 申请人的学历文件复印件（如果该文件是非英文版本，就要翻译成英文并经有关大使馆认证）；

(d) 近期的证件照；

(e) 显示申请人个人信息内容的护照页的复印件。

就业准证申请的处理时间是自人力资源部收到申请文件之日起的两周。

6.2 其他就业准证

6.2.1 短期就业准证（STEP）

短期就业准证是签发给那些为了一个特定的项目或任务而需要在新加坡工作的外国人，最长为1个月。该准证的签发是一次性的，并且该准证不能续签。

申请短期就业准证的申请人的资格条件为：月基本工资收入在2 500新元以上，并拥有适当的大学以上或专业资格。

除了需要附加一份本地公司详细说明申请的理由并证明申请的必要性的附属文件之外，短期就业准证申请所需的申请文件与申请就业准证所需的文件一样。根据申请的性质，申请处理时间介于3个工作日到3周之间。

6.2.2 培训访问准证（TVP）

培训访问准证是签发给那些月基本工资收入在2 500新元以上，并需要在新加坡进行临时实践培训的外国人士。

除了需要附加一份详细的培训项目说明书（说明书中申明培训目标、培训类型、培训的地点和申请的培训期间）之外，培训访问准证申请所需的申请文件、与申请P准证是一样的。培训访问准证（期限长于1个月）的处理时间是自人力资源部收到申请文件之日起的3周。

6.2.3 企业家入境证

企业家入境证是就业准证的一种，签发给那些要在新加坡新成立一家公司并且积极参与公司运作的外国企业家。

在提交企业家入境证申请书的时候，该新成立的公司（若已注册），注册时间必须少于6个月。

预定的创业投资必须是创业性质的。虽然对“创业性质”并无明确定义，但是人力资源部有一份不能被授予企业家入境证的企业类型名单。

申请企业家入境证要提交以下文件：

(a) 已填妥的企业家入境证申请表格复印件，包括新公司的资料、提议的名称和公司地址；

(b) 3 000 新元的银行保证单或者一家新加坡注册公司的保荐声明；

(c) 申请者过去雇佣的证明文件复印件；

(d) 完善的（少于 10 页）投资计划书；

(e) 近期的证件照；

(f) 显示申请人个人信息内容的护照页的复印件。

企业家入境证申请的处理时间自人力部收到申请文件之日起的 25 个工作日。

6.2.4 眷属准证（DP）和同意书（LOC）

持有 P1、P2 或者 Q1 就业准证的人可以为其配偶及未满 21 周岁的未婚子女申请眷属准证。S 准证的持有人如月基本工资收入在 2 500 新元以上，也可以申请取得眷属准证。眷属准证的持有人只要从人力部获得有关雇佣的书面同意书，就可以在新加坡工作。

申请者必须提交：

(a) 已填妥的人力部制定的申请表格 12 的复印件一份；

(b) 本地保荐人的声明；

(c) 结婚证书复印件（适用于为配偶申请眷属准证）；

(d) 子女官方出生证明的复印件（适用于为子女申请眷属准证）；

(e) 近期的证件照；

(f) 显示申请人个人信息内容的护照页的复印件。

眷属准证申请的处理时间自人力部收到申请文件之日起的 3 周。

6.2.5 长期旅游探亲证（LTSVP）

P1 或者 P2 就业准证的持有人可以为以下家庭成员申请长期旅游探亲证：

(a) 父母亲；

(b) 岳父母；

(c) 继子女；

(d) 配偶（普通法上）；

(e) 残疾子女，或者 21 周岁以上的未婚女儿。

长期旅游探亲证的持有人不能仅仅依靠长期旅游探亲证在新加坡工作，而必须取得就业准证或者工作准证。

长期旅游探亲证申请的处理时间自人力部收到申请文件之日起的 3 周。

6.3 工作准证

非熟练或半熟练外国工人要在新加坡工作可以申请工作准证。工作准证是签发给那些月基本工资收入少于 1 800 新元的申请人的。所有外国工作者，除了家庭帮佣之外，在申请时必须年满 16 周岁。外国家庭帮佣在申请工作准证时的最低年龄必须年满 23 周岁（适用于在新加坡首次工作的外国家庭帮佣）。

工作准证通常是按工业领域签发的，如建筑行业、非建筑行业等。

为外国家庭帮佣申请工作准证的雇主可以：

（a）通过互联网上人力部的在线系统为这些外国家庭帮佣提出申请；

（b）如雇主是劳动网（Wp Online）的用户的话，通过劳动网进行电子申请；

（c）利用工作准证申请表为外国家庭帮佣提出申请；

（d）把申请业务委托给劳动网用户的经许可的就业中介。

如进行在线申请，处理时间只需 1 个工作日。通过个人直接提交的处理时间则需要 7 个工作日。

6.4 商务访问者

因商务或专业目的而需要在新加坡逗留较长时间的商务访问者可以考虑申请访问证。

商务访问者通常仅被允许参加商务会议、商务探讨或者“调查事实”会议。然而，社会访问证并不是一类涵盖技术活动的特定准证种类，纵然该技术活动是短期的。如果外国访问者在新加坡的活动范围包括某些技术性职责，他应该向新加坡移民及关卡局（Immigration and Checkpoint Authority）咨询是否需要个别的工作准证。

访问证的有效期间取决于在新加坡进行的商务活动类型。如外国访问者请求并有正当的理由，访问证可以延长。总体上，访问证签发的最初期间是 30 天，在访问证到期前可以到移民及关卡局延期。

应提交以下文件到移民及关卡局：

（a）已填妥的规定的申请表格 14 或表格 V39（包括当地保荐人的声明）；

（b）申请者的有效护照；

（c）往返票（如申请者不是马来西亚人）；

（d）保荐人的身份证明。

申请的处理时间自提交之日起一个工作日。

6.5 永久居留权（绿卡）

非本地居民可以按下列计划之一申请永久居民身份：

（a）现有新加坡公民和永久居民的配偶，或未满21周岁的子女；

（b）根据就业准证在新加坡工作的有专业知识和技能的人；

（c）新加坡经济发展局（Economic Development Board of Singapore）推出的全球投资计划或者根据新加坡金融管理局（Monetary Authority of Singapore）推出的金融投资计划下的投资者/企业家；

（d）中国香港特区居民。

外国投资者和企业家会对最近推出的新加坡全球投资计划（GIP）和金融投资计划（FIS）深感兴趣。根据新加坡全球投资计划，外籍人士有意在新加坡创办公司或者进行投资，就可以为自己和直系亲属（配偶和21周岁以下的未婚子女）申请新加坡永久居民身份。

对全球投资计划（EDB GIP），申请者可以有三种选择：一是至少投资100万新元来创办新的公司或者是对已经存在的公司进行扩张投资；二是至少投资150万新元来创办公司、对现有的公司进行扩张投资，或者投资于经批准在新加坡设立的创业基金会或者信托并都着重于经济的发展；三是至少投资200万新元来创办公司、对现有的公司进行扩张投资，或者投资于经批准在新加坡设立的创业基金会或信托并都着重于经济的发展。购买的住宅房产不得超过投资金额的50%。

除了做出必要的财务承诺外，申请人也必须拥有实际的商业经营纪录并且让经济发展局相信申请人已经有一份切实可行的商业方案或投资计划。

金融投资计划（FIS）是为那些至少拥有200万新元的个人净资产并且在新加坡的金融机构连续投资至少500万新元的人开放的。在金融投资计划下，主要申请人可以将他们的配偶、父母亲和未满21周岁的未婚子女包括在其申请内。

要提交的文件和申请的处理时间有：所有申请永久居民身份的申请者必须完成规定的表格4或者4A（对P就业准证、Q就业准证、S就业准证的持有人）的填写。其他必须提交的文件主要取决于永久居民计划的性质。全球投资计划下需要的补充文件包括投资者的个人简介和拟订的商业投资计划说明书。在金融投资计划下，必须向金融管理局一并提交规定的金融投资计划申请表以及由金融机构代他提交的与申请有关的个人财产声明。

永久居民申请的处理时间是3个月。

第7章
进 出 口

7.1 简介

新加坡是个自由港口国家，新加坡所需征税的进口商品很少。需征税的商品种类是：石油产品、酒类产品、机动车辆和烟类产品。

目前进口到新加坡的商品以及在新加坡供应商品和服务要征收5%的消费税。

7.2 关税、消费税和受禁商品

7.2.1 关税的概念

海关法（Customs Act），是新加坡规范进口商品关税与税收征收的一部主要立法。

应课关税商品是指任何进入新加坡国境需要缴纳关税而还没有缴纳的商品。除了这些进口到新加坡的应课关税商品之外，有些特定商品是禁止进出口的，无论有条件还是无条件的，这些商品通常称为受禁商品或者受管制商品。

以下所列物品只有出示相关政府部门的进口许可证或者进口授权书时，海关才会允许进口。如果没有出示进口许可证或者进口授权书，海关就会扣留这些物品（见表7-1），并把它提交给相关政府部门加以考虑和批准。

表7-1 相关部门可扣留物品表

物品	有权批准机关
动物、鸟类及其制品，植物和土壤	新加坡农粮兽医局（Agri - Food & Veterinary Authority of Singapore）
武器和爆炸物，防弹衣，玩具枪，手枪和左轮枪，武器，短剑，矛和长剑	新加坡警政署的武器及爆裂物课 （Arms & Explosives Branch Singapore Polise Force）
录音带，报纸，书籍和杂志，电影，磁带录像和光盘	许可服务课（Licensing Services Division） 传媒发展局（Media Development Authority） 新加坡新闻通讯及艺术部 （Ministry of Information，Communications and the Arts）
药品，药物制品，毒品	药品监督管理中心（Centre for Drug Administration） 新加坡卫生科学局（Health Sciences Authority）
电信和广播，通讯设备，玩具无线电话机	新加坡信息通信发展局 （Infocomm Development Authority of Singapore） 新加坡新闻通信及艺术部 （Ministry of Information，Communications and the Arts）

7.2.2 受禁物品

(a) 控制性药物与精神性物质；
(b) 鞭炮；
(c) 玩具硬币、玩具纸币；
(d) 版权作品的复制品、可视录像带或者光盘、录音带或者盒式磁带；
(e) 濒危野生动物及其制品；
(f) 淫秽物品和出版物；
(g) 煽动性和叛国性的资料；
(h) 口香糖。

以上控制性、限制性和禁止性物品的列表并没有涵盖全部的受禁物品。如果你需要更详细的信息，请与新加坡海关联系。

7.2.3 关税

根据新加坡关税法令（Singapore Customs Duties Order），所有进口的或者在新加坡生产的应课关税商品都应缴纳海关关税或者国内商品税。在新加坡应课关税的商品的种类主要有酒类产品、烟类产品、机动车和石油产品。

7.2.3.1 关税类型

对这些应课关税商品有两种最常见的关税类型。第一种是从价税。从价税是按照进口产品价值的比例征收关税的，比如，某个品牌香烟的关税是其海关估价的20%。第二种是从量税。从量税是按照每单位重量或其他数量的定额征收关税，比如，每公斤多少新元。

7.2.3.2 估价原则

海关估价是以布鲁塞尔估价定义（Brussels Definition of Value）（BDV）为根据的。BDV的基本原则是应纳关税商品的价值是以商品的正常价格或者商品在港口的进口价格或者进口地价格来衡量的。它预先设定销售于相互独立的买方和卖方之间的自由市场中进行。

7.2.3.3 关税估算

海关在估算关税支付总额时要考虑以下因素：

(a) 成本；

(b) 保险；

(c) 运费；

(d) 装卸费；

(e) 所有其他与出售和交付商品有关的额外收费，例如，佣金和广告费。

按从价税支付关税的进口商，如果进口商和供应商有不同于一般的关系，就会被要求提供额外的信息给海关文件处（Customs Documentation Branch）。

7.2.3.4 海关估价的汇率

要计算出海关关税和商品与服务税，所有外汇必须转换成新元。为方便起见，经过批准的汇率在一周内有效，相关用户可以通过海关电话自动拨号系统即“海关电话信息系统”获得。汇率也会以电子方式传送给贸易网（Trade Net）的用户。

7.2.4 消费税（GST）

7.2.4.1 进口商品

对所有应纳关税的进口商品来说，消费税的计算是以该商品的CIF（成本、保险和运费）价格加上所有的税费和其他费用计算出来的。消费税将与关税一同征收。对所有非应课关税的商品来说，消费税计算的依据是该商品的CIF（成本、保险和运费）价格加上任何佣金和不管是否显示在发票上的其他额外收费。

对应课关税的酒、烟、机动车辆和石油这类商品而言，当这些商品进口到新加坡时，如被先储藏在经当地海关注册的有执照的仓库，则暂时推迟缴纳关税和消费税。但当这些商品从仓库提出到当地销售时，就要缴纳关税和消费税。

对那些进口的非应纳关税商品来说，当商品存放到保税仓库时，或者根据主要出口商计划（Major Exporter Scheme）进口该商品时，消费税可以延缓一段时间缴纳。当这些商品从保税仓库提出并在当地进行销售时，则需缴纳消费税。根据主要出口商计划进口的商品，进口商应该在当地销售时征收商品与服务税。然后，他要在相关的会计期间内对所征收的消费税向新加坡税务局（IRAS）说明。

对保管在自由贸易区（位于新加坡港口，或者飞机场）的商品再出口或者转运时，消费后边境地税必然就被延缓。然而，当这些商品在自由贸易区里使用或者消费时，就要缴纳消费税。当任何商品从自由贸易区转移到关税区用于国内消费时，也要缴纳消费税。如果商品是用于自由贸易区的使用或消费，发生在自由贸易区的任何商品供应就应缴纳消费税。但是，如果商品的供应是为了再出口或者转运时，在自由贸易区的任何商品供应就不需要缴纳消费税了。

7.2.4.2 国内生产的产品

就国内生产的产品而言，如果在税责点（Duty Point）之前产品是在仓库供应或者销售的话，消费税是和货物税一起征收的。如果在税责点之前产品在仓库没有供应或者销售的话，产品制造商只被要求在把产品从仓库提走时支付货物税给海关。当产品随后进行供应或者销售时，对应缴纳的消费税应向新加坡税务局说明。

7.2.4.3 特惠关税制

特惠关税，比如较低关税率，适用于从以下任何一个国家进口啤酒、烈性啤酒、椰酒，加入药品成分的椰酒时采用：

（a）澳洲；

（b）冰岛；

（c）日本；

（d）挪威；

（e）瑞士（包括列支敦士登）；

（f）美国；

（g）新西兰和任何东盟国家的啤酒、烈性啤酒、椰酒，加入药品成分的椰酒在列表中（目前只有菲律宾和泰国可以享受特惠关税）。

7.2.5 自由贸易协议

在以下自由贸易协定所赋予的特惠关税待遇下，来自合格国家的进口产品的进口关税率为零。

(a) 新西兰和新加坡之间签订的更加紧密贸易关系协议（ANZSCEP）。
(b) 东盟自由贸易区（AFTA）。
(c) 欧洲—新加坡自由贸易协议（ESFTA）。
(d) 日本—新加坡经济合作伙伴协议（JSEPA）。
(e) 新加坡—澳大利亚自由贸易协议（SAFTA）。
(f) 美国—新加坡自由贸易协议（USSFTA）。

7.2.6 违反海关规定的犯罪行为

根据海关法律规定，违反海关规定的行为将导致犯罪。

对没有欺诈或者无有意欺骗关税的行为的处罚是给予一定数量的罚款。而对那些有意欺诈、欺骗或者逃避关税的行为将在法院被提起刑事起诉。对第一次犯罪的，仅处以罚款。对第二次犯罪或者连续犯罪的，将被单处或并处罚款或者不超过两年的监禁。

如果是烟草制品的此类犯罪行为，并且烟草的重量超过两公斤，对第二次犯罪的或者连续犯罪的将会被判处6年监禁。

7.3 进出口程序

7.3.1 商业发票的法定要求

要从新加坡出口到特定国家，尤其是出口到那些与新加坡有自由贸易协议的国家，规定必须使用正式的商业发票。例如，所有在新加坡生产的纺织物与纺织品如要出口到美国、欧盟和加拿大就必须要有正式的商业发票/纺织品签证（到美国）。正式的商业发票可以从新加坡政府设立的贸易网（Trade Net）上下载（www.tradenet.gov.sg）。

另外，要出口到特定国家，有时候也需要价格证明书或者原产地证明书。在新加坡有关这些领域的即时信息都可以从贸易网获取。出口商可以聘请货运代理人代为处理所有这些事务。另外一种方法就是，他亲自去了解这些变化并保证它所分派的商品与目的地国家最新的官方发票要求相符合。

7.3.2 进出口许可

在新加坡，要从事进口业务、出口业务或者转运业务的，必须在从事这些业务前向新加坡海关申请进出口许可证。进口申请只能通过新加坡政府设立的贸易网上进行。该网站 www.tradenet.gov.sg，是个电子贸易文件系统，几乎可以即时对许可申请作出批准。有意获取进出口许可证的当事人应该注意以下程序说明。

7.3.2.1　进出口程序

在新加坡，要从事进口、出口、转运业务的当事人必须：

(a) 到会计与企业监管局（Accounting and Corporate Regulatory Authority）(ACRA) 进行注册。

(b) 在会计与企业监管局完成注册后，向新加坡海关提交一份申请书以获取中央注册号码。中央注册号码相当于身份证号码，贸易商凭此通过新加坡海关网站提交进出口许可申请书。

另外一种可行的办法就是，要在新加坡从事进出口贸易和转运业务的当事人可以委托代理人、货运代理人或者是新加坡海关服务中心代表他来提交许可申请。

7.3.2.2　许可的必备条件

进口所有商品，包括控制性的和非控制性的贵重物品进入新加坡需满足：

一个进口商首先必须在商品进口到新加坡之前通过新加坡海关网站获得进口许可证。进口商还必须支付商品与服务税，商品与服务税征收相当于物品进口时的 CIF（成本加运费加保险费）价格的 5%。

注意：共有 53 种有控制性的进口物品，该物品列表可以从新加坡海关网站获得。

7.3.3　进口商品到新加坡的程序

通过航空运输、海运与铁路运输方式进口商品到新加坡或者从新加坡出口商品要求承运人必须签发载货单。进口商品载货单在承运人进关 24 小时内必须提交给海关。出口载货单在承运人离关 48 小时内必须提交给海关。

运输途中的商品进入位于港口或机场的自由贸易区卸货就免除了报关手续。只有当商品被转移至海关境内时，即进入国境内，才被要求做通关申报。

所有通关申报单必须通过一个电子数据自动交换网络（简称商业贸易系统）提交并获得批准。关税和商品与服务税可以通过银行转账（Inter - bank Giro Scheme）电子方式支付。

海关会有选择地核查通过各种经批准的入境点进入海关境内的商品。

集装箱进口商品会在检查站有选择地被封印，以便随后在进口商基地进行检查。

7.3.4　进口高科技产品

部分高科技产品会受到出口国的出口限制。在这种情况下，在出口国的出口商可以要求新加坡进口商提供高科技产品进口与交付证明书。新加坡进口商可以通过新加坡海关网站申请此证明书。

如果该申请是合乎规定的，新加坡海关会签发证明书给进口商。收到证明书的同时，进口商必须保证该物品事实上是进口到新加坡而不是转移或者再出口到其他禁止目的地。因为证明书的有效期是1年，进口商必须确保在1整年当中他进口该物品的目的与证明书所述一致。进口商也可以在有效期期满之前申请证明书有效期的延长。需要注意的是，新加坡海关有权突击检查证明书项下的进口产品，并查处任何规避证明书的违法行为。

7.3.5 出口商品到新加坡以外的地方

出口商品到新加坡以外的地方，出口商必须：

(a) 如果商品是无控制性的并且通过海运或航空运输，要在出口的3天之内通过新加坡海关网站获得出口许可；

(b) 如果商品是有控制性的或者通过铁路和公路运输，要在商品出口之前通过新加坡海关网站获得出口许可。

注意：有30种出口有控制性物品，该物品列表可以从新加坡海关网站获得。

7.3.6 需要出口批准的商品

以下商品有配额限制或者需要特殊文件。

(a) 纺织物和纺织产品

出口纺织物和纺织产品，比如用纺织物生产的样品、礼物和纪念品出口到加拿大、欧盟和美国时，出口商必须与新加坡海关文献专家分处（Documentation Specialists Branch of Singapore Customs）进行核对以确定该出口物品是否有配额限制。如果有的话，出口商在申请托运的相关证明和文件之前，必须核查注册生产商是否有所需的配额。

在出口新加坡原产的纺织物和纺织产品到欧盟之前，出口商需要核查确定该产品在欧盟是否有配额限制。如果是的话，出口商需要为这些市场上的进口商获得出口许可证和原产地证明书。出口新加坡原产的纺织物和纺织产品到美国，除了苎麻纤维、丝绸、亚麻制品之外，美国海关要求提供每一批交付的纺织物品的许可证。

(b) 水族箱鱼和新切花

每一批交付运输的切花出口到德国都需要出口许可证。新加坡海关（空运商品）负责处理水族箱鱼和新切花出口的原产地证明。

7.3.7 转运

对所有从一个自由贸易区到另外一个自由贸易区的商品的转运以及在同样

一个自由贸易区内转运有控制性商品，贸易商需要在商品进口到新加坡之前从新加坡海关网站申请并获得转运许可证。

7.3.8 许可免除

如果相关商品不是有控制性进口、有控制性出口或者有控制性转运的商品，并且属于以下物品的话，就不需要申请许可：

(a) 除了机动车之外的个人用品或家庭用具。

(i) 通过陆、海、空运输方式所载的旅客、船务人员或雇员所携带的；

(ii) 不是以出售为目的，而是为了个人或家庭使用之目的的旅客、船务人员或雇员所携带的；

(iii) 经过包裹邮寄的方式进口、出口、转运的，而此类进口、出口、转运并不受进出口条例（Imports and Exports Regulations）第6条的规定所禁止。

(b) 外交通信。

(c) 进口、出口或转运。

(i) 由共同防御武装部队，包括新加坡陆军，新加坡警察部队和新加坡联合民防部队进口、出口或转运的，包括军官个人用品和家庭用具但不包括民用机动车辆；

(ii) 由外交部进口、出口或转运的，包括其公务员的个人和家庭用具，机动车辆除外；

(iii) 持有经新加坡汽车协会签发的临时入境通行证的二手机动车辆。

(d) 贸易样品，作为分析或者测试用的标本，总价值不超过400新元的纪念品，包括以下有控制性物品：

(i) 食品类物品；

(ii) 由新加坡农粮兽医局（Agri – Food and Veterinary Authority）管制的鱼和鱼类制品（不包括受《濒危物种进出口条例》保护的标本）、水果和蔬菜（不包括来自美洲热带雨林类）和花类物种（不包括受《濒危物种进出口条例》保护的标本和那些来自美洲热带雨林的标本）；

(iii) 新加坡国际企业发展局管制的稻谷类制品。

(e) 商业贸易单据、海上运输单据和航空运输单据，新闻照片或者底片，新闻文稿速递，新闻剪辑，新闻电影，或者新闻副本磁带。

(f) 人类尸体，人类遗体，人类骨骼或者骨灰。

(g) 人类移植材料。

(h) 通过航空运输方式进口、出口或者转运物品，其总价值不超过400新元。

出口以下任何物品都不需要申请出口许可证明：

(a) 非控制性出口物品；

(b) 总价值不超过400新元;

(c) 观光者通过航空运输方式出口的物品。

转运以下物品不需要申请出口许可证明:

(a) 非控制性进口物品，非控制性出口物品或者非控制性转运物品;

(b) 不是从一个自由贸易区转运到另一个自由贸易区。

7.3.9 通过新加坡的第三方国贸易

新加坡公司可以安排商品从第二个国家运输到第三个国家。

如果该公司作为运输方当事人是提单/航空运单/载货单的运输方，同时又是收货方，而且商品不在新加坡卸下的话，就不需要申请进出口许可证。

如果商品在新加坡卸下的话，也可以不需要申请进出口许可证。但在这种情况下，必须在载货单上注明，商品是通过新加坡进行转运并要在提单上注明第三方国家的名称。

7.3.10 临时进口证（ATA Carnet）下的临时进口/出口

临时进口证（ATA Carnet）是专门为简化临时进口物品的海关手续而设计的一种国际性海关文件。递交临时进口证给外国海关，进口商就可以在1年以下免除缴纳关税与税收获准进口。

7.3.10.1 进口

在新加坡，进口商品时如果有临时进口证就不需要申请进口许可。然而，部分或者全部的商品不能再转出口的话，进口商就必须取得该批商品的进口许可证。

如果商品进口受制于进口限制，进口商必须在管制商品进入新加坡之前从相关管制机构获得批准。进口商需要递交海关部门签署的临时进口证给货运代理人，以便进行商品的运输。货运提单或者航运提单的编号应该在临时进口证的右上角注明。货运代理人将持有一份临时进口证的复印件。

7.3.10.2 出口

在新加坡，临时进口证管制机构是新加坡国际商会（Singapore International Chamber of Commerce）。出口商应该向新加坡国际商会提出临时进口证申请以便从新加坡临时出口商品。

第8章 个人与公司破产

8.1 个人破产

破产是指债务人被公认为无力偿债的程序。法庭通常会任命破产事务官来管理破产财产，包括出售资产、登记债权人的权利要求和支付债权人的破产偿金。

破产事务官既是公务员又是法庭的官员。在绝大部分的案子中，法庭一旦下达了破产令，就会任命他为破产财产的信托受托人和管理人。在破产期间他将管理破产人的所有事务。此外，法庭也可能应债权人的要求委任1名私人信托受托人来取代破产事务官。

破产事务官扮演两种角色：尽可能变卖资产分配给债权人和协助破产人解除破产。作为破产财产的管理人，他也有义务调查破产人在破产期间的行为。破产事务官的义务包括对债权人的请求进行裁定、支付破产偿金和向高等法院申请破产人的破产解除。在破产人不能清偿其全部债务的情况下，破产事务官将在破产人及其债权人之间充当调解人的角色。

8.2 破产请求的条件和依据

债权人申请破产必须首先发出一份被称为法定要求书的通知，要求债务人支付。如果未在法定要求书中规定的时间内（法定请求书送达后21天内）履行支付义务，就可以申请法庭受理，并确定听审日期。如果在听审日给付仍然没有履行，法庭就可以发出破产令。

8.2.1 破产法第60条

除非属于下列情况，否则，不能依据第57条第1款（a）或者第58条第1

款（a）提出对个人债务人的破产请求：

（i）债务人定居于新加坡；

（ii）债务人在新加坡有财产；

（iii）在提出申请书之前的一年内，

- 成为新加坡的常住居民或在新加坡有居所；
- 在新加坡从事商业活动。

以下是破产法第61条所规定的破产请求依据。

8.2.2 破产法第61条第1款

不能向法庭提出破产申请书，除非在申请书提出时：

（a）债务数额或各项债务总额不少于1万新元；

（b）此项债务或每项债务均为应立即向提出申请的债权人支付的确定金额；

（c）债务人不能支付此项债务或者每项债务；

（d）虽然此项债务或者每项债务发生在新加坡境外，根据在新加坡可以执行的判决或裁定，该债务应当由债务人向提出申请的债权人支付。

然而，债权人不应当在债务人无法支付时立即启动破产程序。他们应当将破产程序作为收回债务的最后救济措施，这是因为：

（a）破产程序费用高；

（b）通过破产收回全部债务的可能性不大；

（c）债权人不能要求超出破产日的利息；

（d）在所有债权人中分配破产人的财产时，无担保的债权人没有任何优先权；

（e）破产会影响破产人的受雇并由此对其偿债能力产生负面影响。

债权人应当考虑债务人根据破产法第5部分提出的债务解决方案或自愿安排方案。通过和解而非破产程序来收回债权是一个非常节约费用的方式。其他可选择的途径还有与破产人调解和达成私下还债协议。

8.3 破产法规定的破产人的权利和义务

债权人无法对破产人采取进一步的诉讼程序来追偿其破产前所负的债务。但一个重要例外是对违法行为的罚款。破产并不保护其免予支付这些款项，包括应当支付给国家税务署的税款，即便是在破产解除后也是如此。

如果破产人在破产日收到任何债权人的偿债要求或法庭的诉讼通知，或者有债权人与其接洽，他都应当告知债权人其破产状态并将收到的任何文件转交给破产事务官。

对债务人的财产或货物享有担保的债权人（例如银行或金融机构，债务人为了获取信用贷款而将财产或货物抵押或质押给此类机构），在其债权到期仍无法得到清偿时，有权出售该财产或货物。如果财产的价值大于所担保的债务数额，实现担保所得价款清偿债务之后的余额可以用来偿还债务人的其他债权人。担保债权人应当在破产令下达之日起的6个月内或破产事务官允许的延长期限内实现其担保。否则，在破产令下达日之后，他们将无权就他们的债权主张任何利息。

当破产财产有足够资金供破产人提出债务清偿要约时，破产事务官将在《海峡时报》上刊登宣布偿付债务意图的通知，以告知所有债权人。

8.3.1 破产财产

根据破产法的规定，破产事务官接管破产财产并有责任变卖财产和向债权人支付破产偿金。破产者不能出售或处置他的任何财产或有价值的物品。只有破产事务官或者有担保的债权人，才有权如此处分。“财产”包括在破产日属于债务人所有的有价值的财产或者以后可得的财产以及在破产解除前接受的赠与物。他必须将财产转移给破产事务官占有。

特定的财产受到保护，包括信托财产、建屋发展局（HDB）公寓、中央公积金、家庭必需品、私人物品、有限的谋生工具、明确指定其配偶或子女为受益人的人身保险单以及人身损害或非法行为的赔偿金。

建屋发展局（HDB）财产还需要特别考虑。在没有事先征得破产事务官同意的情况下，破产者不得购买、出售或转让这些财产。除非破产人真正需要宽敞的公寓，并且能够通过自己的公积金储蓄负担购买和维护公寓的经费，否则，他是不能购买5房式或高级建屋发展局（HDB）公寓。因为破产人在其债务未被清偿前不应住得很奢华。

8.3.2 事项陈述的备案及与破产事务官的合作

破产人应当在破产令下达后21天内向破产事务官充分披露其所有财产和负债，并提交书面陈述（被称为事项陈述）。破产人应以指定的形式制作事项陈述并宣誓。

破产的合伙商行必须提交一份说明其个人财产和负债的陈述和一份说明破产商行的财产和负债的陈述（除非后者已由商行的其他合伙人提交）。

他还心须确保及时回复破产事务官的来信和应其要求在任何时候到场。必须及时汇报住所地址的任何变化。

未能对事项陈述进行备案和与破产事务官合作的，即构成犯罪，被判单处2年以下的监禁，或1万新元以下的罚款，或者两者并罚。

8.3.3 收入及供款

如果破产者从事一份有收入的职业，为了债权人的利益，他必须按月供款，计入破产财产。供款额也是破产事务官在行使自由裁量权来判断是否签署破产解除证书时所需要考虑的一个重要因素。

破产事务官将对破产者每个月应当支付的数额进行评估。破产者必须向破产事务官提供他的职业、收入和家庭负担的有关信息，并且每6个月向破产事务官提交报告以更新这些信息。未能符合这些要求的，即构成犯罪，被判单处2年以下的监禁，或1万新元以下的罚款，或者两者并罚。

为了方便破产者简便、定期交纳收入供款，破产事务官允许破产者开立一个储蓄账户，以便通过银行转账（GIRO）定期扣除。

8.3.4 禁止事项

对于一个未解除破产的破产者来说，禁止如下事项：

（a）出国旅行；

（b）除了因人身伤害或遭受不法行为而提起的损害赔偿外，未经破产事务官同意，一般不能提起或继续诉讼；

（c）获得500新元以上的信贷；

（d）未经法庭许可，担任信托受托人或任何信托、不动产或和解协议的个人代表；

（e）未经法庭或破产事务官许可，管理商行或公司；

（f）其他违法行为，如违反披露信息义务、向破产事务官作虚假陈述、为了诈骗债权人携财产离开或企图离开新加坡。

8.4 摆脱破产的三种方式

需要指出的是，在新加坡不存在自动破产解除。

8.4.1 破产事务官签发破产撤销令

如果债务人提出的和解协议或安排计划已经被债权人所接受，或者债务已经得到全部清偿，破产事务官将向破产人签发一份撤销令。和解协议要约是债务人按债务的固定比例向债权人清偿债务的要约。安排计划指的是债务人按债务的不同比例支付给各个不同债权人以清偿债务。比如，债务人可能会向所得税审计员（Comptroller of Income Tax）偿付其全部的欠款，而只向其他债权人偿付其部分债务。

8.4.2 法庭颁发破产解除令

法庭也可以根据破产法第124条的规定颁发破产解除令。在颁发绝对解除令或有条件解除令前，法庭会听取破产事务官关于破产人在破产期间的事务和行为的报告。法庭在做出这样的决定时会考虑一些因素，包括年龄、健康状态、收入能力以及支付给破产事务官的数额。此外，法庭还应知道破产人在破产期间是否有违法行为，以及在破产事务官管理财产期间是否充分合作。

8.4.3 破产事务官出具破产解除证书

按照破产法第125条的规定，如果破产期限超过3年并且已证实的破产债务在50万新元以下，破产事务官可以行使自由裁量权决定为破产人解除破产。在决定是否为破产人解除破产时，破产事务官将会考虑以下因素：破产的原因、破产的期限、破产财产、支付给破产财产的费用、破产人的行为和破产事务官管理事务过程中的合作程度。

8.5 公司破产

8.5.1 清盘程序

清算或者清盘程序是指公司的资产被收回和变卖后，所得收益用于偿还所有的债务和责任，余额再按照公司股东的权益进行分配，或者就按照公司的章程处理。

公司清盘程序通常具有下列目的之一或两者兼有：

(a) 保证公司资产在债权人和出资人之间得到公平的分配；

(b) 通过最终的解散终止公司。

8.5.2 资产的公平分配

(a) 公司的资产和事务交由独立清算人处理，他的权力、责任和职能受公司法的规制。

(b) 清算人会调查公司的事务和公司高级管理人的行为，并适当地从他们手中取回公司财物，是所有的商业行为停止。

(c) 无担保债权人对公司资产的权利，在清盘程序开始时实际上被“冻结”了，从而防止公司财务状况的进一步恶化和公司债务的增加。

(d) 按比例对无担保债权人进行偿付，即他们平等地按比例得到公司资产。

(e) 余额分配给公司的出资人。

8.6 公司终止的原因

(a) 公司已经停止了商业活动;

(b) 管理层陷入僵局;

(c) 公司法第216条下的股东争议;

(d) 公司所属集团进行公司重组或财务重组;

(e) 使公司所属集团的税务责任最小化或者税务优惠最大化;

(f) 违反法定条款,包括犯罪;

(g) 公司的行为超出其经营范围。

清盘的两种类型:

(i) 自愿清盘(由股东或债权人提出);

(ii) 强制清盘。

这两种清盘开始的时间不同。

8.6.1 自愿清盘

公司只有在其公司备忘录,或章程有所规定,或通过有关的特别决议时,才可以进入自愿清盘程序。它只能由公司提起,并由其决定属于股东清盘还是债权人清盘。然而,如果已经依据无力偿债向法院申请清盘的,自愿清盘的权利受到限制。在这种情况下,必须事先得到法庭的许可。

股东清盘和债权人清盘的主要差别在于:

(a) 在股东清盘的情况下,要求宣布有偿债能力。

(b) 在提交清盘议案的会议的当日或后1日,须召开债权人大会。

8.6.2 强制清盘

只有某些人可以请求强制清盘,包括或有的或将来的债权人,他们必须满足据以提出请求的某一项要求,其中之一就是公司不能偿还其债务。在这种情况下,法庭可以考虑公司的或有债务或将来债务。

然而,法庭有最终的自由裁量权决定是否发布清盘令,并将考虑债务是否有争议、公司是否有反请求、其他债权人和出资人是否对请求有异议以及事先是否存在自愿清盘等因素。

如果公司不能满足债权人发出的偿债请求(1万新元以上的债务),就可以被视为无力偿还债务。一项请求并不会仅仅因为所列的金额超过公司实际到期债务金额而有瑕疵。

8.6.3 清盘的效果

清盘令的发布会使具有多种特征的处置公司财产的法定方案付诸实施。

只有担保债权人，才被许可在发布清盘令的6个月内对公司财产行使权利以获得补偿；其他所有的处置行为都将被视为无效。但是，如果个人要取回自己的财产，他可以获得许可。

先前存在的合同不受影响，但是，如果合同的义务过重，清算人可以拒绝承认。

8.7 资产分配

公司破产清算的一般原则是按相同比例将其财产分配给所有债权人。

相同比例原则的例外：

(a) 有担保的债权人；

(b) 准担保（例如，所有 Romalpa Clause，Quistclose 信托；这些措施将公司相关资产的所有权赋予债权人）和其他第三方的利益；

(c) 债务附属协议（除非该协议损害了非协议方的其他债权人的利益）；

(d) 优先债权人；

(e) 次级债权人；

(f) 破产抵销。

8.8 资产增加

8.8.1 宣告无效条款

如果清盘前交易违反了同等比例原则，结果可能因违反公共政策而被视为无效。因此，有很多宣告无效条款，旨在防止公司在解散前分散资产，损害债权人的利益。同时，鼓励债权人采取集体而非个人行动；董事和股东们不应冒无谓的风险去采取试图挽救公司的行动。禁止性条款还有一个附属性的目的，即防止破产公司的业务通过不正当的资产处分而被分解。

宣告无效条款：

(a) 锁住清盘程序开始后6个月内公司所设置的债权，但排除因浮动担保而在浮动担保产生时或之后向公司支付的现金。

（b）锁住未经登记的抵押，但在清盘程序开始之前已经实现的抵押除外。

（c）在得到法庭或监察委员会（Committee of Inspection）的同意后，授权清算人拒绝承认负有繁重法律责任的财产。

（d）防止低价交易。

（e）防止不公平的优先权。

（f）防止敲诈性的信用交易。

公司法中三种不同性质的禁止性条款：

（a）可以在清盘时自动执行的；

（b）交易虽然有效，但清算人有权申请推翻交易的效果；

（c）可被搁置的交易。

8.8.2 对董事提起的诉讼

通常，公司的董事不会对公司的债务承担个人责任，因为公司在法律上被视为独立的法律实体，虽然在例外情况下可以揭开公司的面纱。

另外，董事通常不会对公司的债权人承担任何义务，因为他们首要关心的是公司的利益和股东的整体利益。

然而，当公司破产时，在实际意义上，在董事管理下的资产是债权人的而非股东的。所以，董事在出资命令下可能会对债权人承担个人责任或被剥夺董事资格。

8.8.3 两种形式的责任

8.8.3.1 刑事责任或法定责任

董事也许会在清盘前运营或管理公司的过程中犯罪，后在清盘过程中被发现。

（a）三种罪行

（i）破产交易（即董事在无合理偿还预期的情况下就订立了债务的契约）；

（ii）欺骗性的交易（即当债务发生时，董事没有合理理由认为资金足以偿还债务，并有欺诈的意图）；

（iii）信息的错误使用（即董事不正当地使用通过其职位所获得的信息为自己或任何他人谋利）。

（b）民事责任

董事被要求考虑并且不损害债权人的利益，但这不意味着他们不能够考虑公司的整体利益，或他们必须使债权人的利益最大化。

8.9 清算

在提起清盘请求后的任何时候，破产接管人（Official Receiver）或经批准的清算人都可以被指定为公司的临时清算人。临时清算人拥有清算人的所有职责和职权。

该指定是一项严厉的措施，只有初步证明清盘令将做出，并且有合理理由支持（例如，为了保持公司的资产）才能实施。

在强制性清盘中，当清盘令做出时，法庭会指定一个独立的清算人（可以由债权人或者公司提名，任何一个提名都不具有优先性）。如果没有指定，破产接管人将成为清算人。这一清算人是法庭的官员。

在债权人的自愿清盘中，清算人可以由公司或其债权人提名，后者的提名有优先效力。在例外情况下，法庭会指定。

指定清算人之后，清算人接管公司。这时财产仍属公司所有，清算人只是公司的代理人。因此，通常的立场是清算人不承担个人责任。然而，他可以像任何代理人一样通过订立合同条款承担个人责任。

清算人在一定限制下可以行使自己的自由裁量权。他也可以向法庭寻求指令。

主要的信息资源是事项陈述：一份在公司解散前由公司的相关管理人员所做出的有关公司事务和情况的报告。这些人都有义务回答清算人所提出的任何问题。

另外，法庭也可以传唤公司的任何高级管理人或者某个特定人，在宣誓的情况，下接受有关公司事务的询问。

清算人也负有普通法和其他法定的责任，而且权利受到不法侵害的人也可以向法庭申请撤销或更改清算人的决定。

监察委员会可以由债权人或出资人指定。清算人必须考虑到债权人大会或监察委员会的指示。根据公司营业的性质或债权人或出资人的利益，法庭也可能指定一个特别的经理。

如果清算人不称职，他应该辞职或者被撤职。法庭可以根据清算人的请求或公司的解散准许清算人的离职。

8.10 债权人的请求

8.10.1 债务证明

重要性：除非已提供了债务证明并被确认，否则债权人将不能在债权人会议上投票。除非证明被确认，否则他既得不到破产偿金，也不能撤销清算人之前的分配。

可证实的债务的种类：

(a) 任何在解散令做出之日的债务或责任；

(b) 或者任何在解散令做出之前产生的义务；

以及任何以上债务或责任应支付的利息。

三项例外：

(a) 除合同、承诺或违反信托等原因之外，而造成的未确定补偿金；

(b) 债权人得到解散请求的通知后产生的债务或责任；

(c) 债务或责任的价值不能得到合理的预估。

与有偿债能力的公司相比，允许向破产公司提出的索赔类型更少。

如果是有保证的债务，反双重证据规则允许债权人在即使获得部分偿还的情况下，证明存在全部的债务；而除非债权人获得全部偿还，否则保证人不能证明其已偿还的款项。这项规则的例外是如果只对债务的特定部分进行保证，保证人的偿还就能使该部分债务全部清偿；那样，债权人就不能证明该部分债务，而保证人却可以。

程序：

(a) 发出法定声明证实在清算人确定的日期之前的债务。

(b) 清算人可以承认或否认证明，或要求进一步的信息。

(c) 不满意的债权人或者连带责任人，可以向法庭申请撤销或更改清算人所做出的决定。

(d) 在清算人、债权人或者出资人的请求下，法庭可以撤销一份不适当认可的证明。

8.10.2 破产抵销

当公司和债权人之间互负债务和责任时，只需要提供差额款项的证明。债权人仅在向公司索赔的这部分债权享有担保权益。抵销是自动执行并自动运作的。

抵销是正当的，因为它保护商业预期，并鼓励银行在债务人困难时期仍然提供贷款。

要求：

(a) 只有可证实的债务可以被抵销，主张抵销的债权人在义务发生之时不应得知清盘申请之事。

(b) 债务需要有相互性，即债权与债务属于相同的当事人之间，并且这些债务是金钱性的，或本质上是非金钱性，但可以通过金钱性请求予以偿还的。

(c) 债务必须是可确定的。

8.11 公司拯救

8.11.1 接管

接管最初是一种补救方法。它是用于保护个人的衡平法上的财产利益或者衡平法上执行的一种形式。然后，对债务人的财产主张衡平法上担保的债权人可以在贷款合同中规定，有权力指定私人接管人或接管人或管理人以执行其担保。私人接管人在实际意义上已超出法庭指定的接管人，因此，私人接管本身已成为一项重要的破产体制。它能避免债权人成为获得占有的抵押权人而担负繁重的责任，因此，它越来越受到青睐。

实际上，对公司的整体拥有浮动担保权的债权人，通常因担保的全面性而有权指定接管人兼管理人，而不只是接管人。接管人仅接收取房租或其他确定的收入，而不能像接管人兼管理人一样以买卖及从事交易的方式管理资产。

另一方面，接管通常促成公司的清盘。此项私人补救措施具有突出的公共效益。例如，在某些情况下，接管人兼管理人被赋予广泛的权力来管理和从事商业活动，并且有能力将企业扭亏为盈再交还给原所有人；在某些情况下，他们可以将全部或部分的企业作为存续企业来处分。在任何情况下，将企业的盈利部分保存下来的做法对雇员、商业群体和公众都有利。

8.11.2 有效指定的效果

(a) 没有终止董事的任职。
(b) 将公司财产的管理权由董事转向接管人兼管理人。
(c) 浮动担保总是授予接管人兼管理人权力以控制和占有被担保的资产。
(d) 有效地剥夺董事会的权力。

8.11.3 无效指定的结果（被指定人应当具有公司法第217条规定的接管人兼管理人资格）

接管人兼管理人并非在指定当时就丧失资格。然而，债权人不能有效地指定第二接管人，直到财产的控制权已经返还给公司，并重新向公司要求偿还贷款。

8.11.4 责任和义务

在法律上接管人兼管理人是公司的代表人，但实际上他是由债权人指定，为债权人的利益而实现担保，所以存在不可避免的利益冲突。接管人兼管理人仅仅有《衡平法》上的责任，诚实地处理公司的资产。其标准是接管人兼管理人具有一般的能力，尽一般的注意义务并采纳称职的建议。

接管人兼管理人必须对抵押人及其他有衡平法上的赎回权的人（包括任何保证人、后来的不动产抵押权人）负责。

接管人兼管理人和浮动担保权利人还有信义义务。

对以公司名义合理产生的并在其权限范围内的债务，接管人兼管理人通常不承担个人责任，虽然法庭认为正当的时候有自由裁量权使其承担个人责任。

作为公司的职员，接管人兼管理人相应承担任职过程中可能产生的义务(例如欺骗性交易和破产交易)。

8.11.5 接管的执行策略

（a）将商业资产作为存续企业出售（使公司业务存续，以便保护公司商誉，并拒绝履行义务繁重的合同)。

（b）取得收益以偿还有担保的债务（注意，某些有优先权的债务比债权人的债务优先偿还)。

8.11.6 接管的终止

在清盘令做出之时接管终止。

第9章 债务追索

9.1 简介

外国商人如何追索个人或公司偿还欠款？在各种可行途径中，偿还的程序和限制是什么？这一章将详细探讨商人（设定为债权人）从个人或公司债务人中追索债务的法律途径。

法庭追索债务的法律途径，见图 9－1。

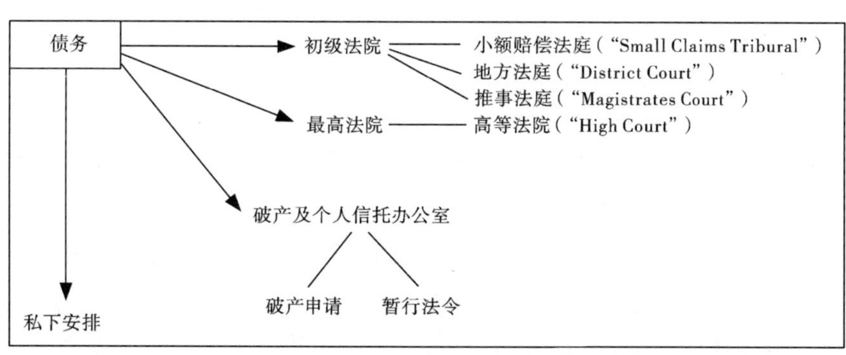

图 9－1 法庭追索债务的法律途径

9.2 追索债务的途径

9.2.1 初级法院——小额赔偿法庭

9.2.1.1 管辖权

当债务请求数额为 1 万元或以下时，在下列争议中，债权人可以选择诉至小额赔偿法庭：

(a) 有关买卖货物的合同；

(b) 有关提供服务的合同；

(c) 财产侵权的赔偿金（不包括机动车交通事故中的侵权赔偿）。

9.2.1.2 程序

债权人（以下简称申请人）提起诉讼后，申请人和债务人将通过登记官主持的免费调解服务进行协商。在此过程中，律师不能代表任何一方出席。

若双方达成了和解，一个同意令将会登记在案，并发出一个支付令给申请人以便其追偿债务。

若双方未能在协商会议中达成和解，这个案子将被安排由审判员听审。审判员在做出决定前也会探索和解的可能性。

在旅游者提出申请或在紧急申请的情况下，咨询和听审可以在申请提出后24小时内安排。

根据支付令，债权人或申请人将通过执行程序收回其债务。

9.2.2 初级法院——地方法庭和推事法庭（District and Magishates Court）

9.2.2.1 管辖权

(a) 地方法庭（District Court）

对于60 000元或以下的请求以及上述3项种类之外的请求，债权人都可以选择直接到地方法庭起诉。

首先到小额赔偿法庭申请的案件，也可能因涉及复杂的法律问题，而由该法庭的仲裁员作出移送令转交至地方法庭庭审。

(b) 推事法庭（Magistrates Court）

推事法庭可以受理超过6万~25万新元的请求。

9.2.2.2 程序

(a) 规则

地方法庭和推事法庭的法律程序适用法庭规则（Rules of Court）。由于违反这些规则，将导致申请被驳回。因此，在地方或推事法庭的受理过程中，由律师进行法律代理是必要的。

(b) 地方法庭和推事法庭的受理

申请人可根据上述请求数额，通过发出传票（a Writ of Summons）或原诉传票（a Originating Summons）的形式到地方法庭或推事法庭提起诉讼。诉请法院的人称为原告，答辩的人称为被告。

民事程序的启动有四种方式：传票、原诉传票、原诉（the Originating Motion）和呈请（the Petition）。除非法庭规则规定诉讼由原诉和呈请开始，否则，诉讼程序都必须通过传票或原诉传票启动。

一般来说，传票将在有事实争议的情况下使用，由这种方式开始的诉讼中，一方会有机会在审讯中质证对方的证人。原诉传票在涉及任何法律或文件的解释或者其他法律问题时使用，是由法官依双方所提供的宣誓书里的证据在室内听审。

如许可被送达到新加坡境外，传票和原诉传票自派发之日起 12 个月内有效；其他情况下，自派发之日起 6 个月有效。如果被告是公司，则令状必须送达到它的注册地址。

传票必须亲自送达给被告。送达传票者必须是经过法庭预先批准提供名字和相关信息的原告律师或律师助理或者登记官授权的任何他人来执行。只有因特殊原因，法庭才会派遣法庭送达人送达文件。

在寻找被告未果，或者被告躲避亲自送达，或者亲自送达变得不实际时，可以向法院申请替代送达该令状。一般来说，替代送达是指根据法院命令在所知的被告的最后居所或营业场所的前门上张贴令状，或者将复印件留在所知的最后地址（如果是由原告的合同所提供的地址——也被称为“合同送达”），或者在当地报纸上以合适的语言发布广告。

如果被告在新加坡境外，原告可以向法院申请批准在新加坡境外送达传票，也可以通过被告所在国的领事机构或者政府或者司法机构送达传票。

传票送达后，原告必须自送达之日起 8 日内提交送达备忘录，否则，原告无权在被告未出庭或答辩的情况下请求中间判决。

如果被告有意答辩，他必须自收到起诉状或者出庭时限起 8 天内呈上应诉通知（Memorandum of Appearance）。在被告没呈上应诉通知（Memorandum of Appearance）的情况下，原告有权直接向法庭申请缺席的判决。如被告想答辩，他必须在呈上应诉通知之后的 14 天内（其中较晚的一天）向原告送达答辩书。

原告可以自收到答辩书之日起 14 天内，提交并送达回复书。

被告也可以在提交答辩书的同时提交反诉状。在这种情况下，原告必须自收到这些法律文书之日起 14 日内提交对反诉状的答辩书；之后 14 日内，被告可以再提交并送达对原告的回复书。

如果被告没有在上述提及的期限内提交并送达答辩书或反诉状，另一方可以获得缺席判决。

（c）和解

和解程序与小额赔偿法庭的相同。初级法院中的初级争议解决中心是在不增加额外费用的情况下，为双方当事人提供的解决争议的场所。

法庭争议解决机制是审理程序外的另一种选择。它属于法院系统的组成部分，并由地区法官主持。在审理前的任何时点，原告和被告都可以要求举行和解会议。

这一程序开始后，和解法官将在室内主持和解会议，鼓励参与的原告和被告自由协商。如果争议仍然不能解决，案件将被移送给其他的法官来审理。然而，法庭争议解决机制不是强制性的，双方当事人也可以选择由律师代理他们参与。

在法庭争议解决机制中没有解决的事项由民事审判法庭听审。

（d）审理前的申请

所有的审理前的申请（审理程序前审理的申请）由民事初级法官审理。通过审前会议，初级法院监控当事人的案件，以保证争议得到及时有效的解决。

（e）审理

地区法庭和地方法庭的所有案件的民事审理都在哈夫乐克广（Havelock Square）的初级法院大楼中的其中一个 e–法庭或者 I–法庭中进行。

原告和被告向法庭提交的证据、证人、证言都必须采取宣誓书的形式，即经陈述者宣誓的书面陈述。

为了庭审，各方都会提交有关证据的宣誓书，这被称为主要证据宣誓书。各方的证人也会在宣誓书中陈述他们的证言，这些宣誓书在庭审前提交并进行交换。

原告及其律师会首先提交原告的案情，传唤原告的证人，提供原告的证据。被告的律师可以对原告的证人提问。

被告及其律师然后也会提交被告的案情，同样，传唤证人，提供证据。原告或其律师可以对证人提问。

经过开庭审理双方案情及证据后，初级法官将对请求或争议作出决定，并对费用作出法令。

（f）语言

所有的法庭程序以英语进行。如果当事人不能说英语，只要告知法庭人员他需要翻译的帮助，法庭将提供翻译者予以协助。法庭可以提供下列语言和方言的翻译：汉语普通话、马来语，泰米尔语、马拉雅拉姆语、旁遮普语、印度斯坦语、乌尔都语、南福建话、广东话、潮州话、客家语、海南话和福州话。

如果当事人需要其他语言的翻译，就必须预先通知法庭，以便做好必要的准备。

庭审结束后，法官会做出判决。

9.2.3 最高法院——高等法院（High Court）

9.2.3.1 管辖权

数额在 25 万元以上的请求必须在高等法院听审。高等法院对下列初级法院判决的上诉也有管辖权：

（a）请求数额超过 50 000。

（b）请求数额少于 50 000，但上诉涉及法律问题。

9.2.3.2 程序和规则

初级法院申请的程序和规则是同高等法院类似的。

9.3 执行判决的方式

在要求被告偿还债务的法庭命令或判决做出后，被告必须执行判决。如果被告不执行，有多种办法可以执行判决。最常用的办法是查封和拍卖。执行判决的申请适用法院规则。

9.3.1 查封令和拍卖令

执行令包括对动产和不动产的查封和拍卖令、交付令和第三者扣押令。

查封和拍卖令由法庭发出，授权执行官进入判决债务人（诉讼中的败诉方，负有向胜诉方支付判决数额的责任）的住所，查封他的动产，拍卖这些动产，所得收益用于偿还判决下的债务。

如果你有小额赔偿法庭的法令，你也可以从法庭的登记处获取相关文件，以申请查封和拍卖令。

9.3.1.1 可查封的动产

（a）电气设备；

（b）家具；

（c）机动车；

（d）其他物品和动产。

9.3.1.2 豁免查封的动产

（a）第三者的物品；

（b）分期付款的物品；

（c）衣物；

（d）判决债务人及其家庭的被褥。

9.3.1.3 程序

申请查封和拍卖令时，判决债权人（诉讼中的胜诉方）及其律师必须同时提交声明。声明必须说明要求查封的全部或部分财产是否是当前初级法院或者高等法院执行令查封的标的。

另外，应当谨慎地查明下列事项：

(a) 是否有其他债权人对执行债务人诉请执行；

(b) 执行债务人的现状，即他是否破产；

(c) 执行债务人是否有值得查封的资产；

(d) 为了得到上述 (a) 与 (b) 项的信息，判决债权人可以通过法律网服务署 (Lawnet Service Bureau) 或者律师事务所查询。判决债权人应该决定执行地，该执行地应包含属于执行债务人的财产。

查封和拍卖令受理后，执行官会安排执行的时间。执行官也会通知判决债务人关于将要进行的执行。

在首次执行时，除特殊情况下，执行官不会允许进入上锁的住所，即使判决债务人是该住所的所有人。判决债权人必须通过另外的申请执行，才可进入该住所。

在执行之时，不会确定拍卖日期。这是为了让债权人与债务人有一段时间来商讨偿还债款的时限或由分期付款的方式来达成协议。拍卖日一经确定，不允许推迟，除非在特殊情况下，如债务人请求法庭以分期付款的方式偿还或者第三者对执行令下财产的所有权提出异议。

拍卖由注册拍卖人进行，拍卖人的费用由判决债权人承担。另外，拍卖人的佣金将根据查封物品的销售价格确定。

9.3.2 债权扣押程序 (Garnishee Proceedings)

债权扣押令将锁定对判决债务人负有任何债务的第三者，命令其将债务直接支付给判决债权人。

被扣押人对判决债务人负有债务。当判决债权人扣押债务时，被扣押人必须将金钱支付给他而不是判决债务人。

通过这些程序，判决债权人可以取得债权扣押令，指示被扣押人将其对判决债务人所负的欠债数额直接支付给判决债权人，而不是判决债务人。

为了收回欠款，判决债权人必须首先阐明在申请对第三者的扣押令的理由，然后，进入说明理由程序。如果被扣押者 (Garnishee) 在说明理由程序中确认对判决债务人有欠款并且到期，初级法官就会确认临时扣押令，被扣押者 (Garnishee) 就必须向判决债权人而不是判决债务人付款。

可以扣押的债务有：

(a) 银行存款；

(b) 销售所得 (Sales Proceeds)；

(c) 租金。

9.3.3 对判决债务人的审查

当判决债权人不知道判决债务人的资产情况时，判决债权人可以申请传唤判决债务人接受宣誓下的审查，来确定可以用来履行判决债务的资产。如果他在审查时不出现，也有将判决债务人关进监狱的拘押程序。

如果判决债务人出现在审查程序中，他会被问及一系列关于他的经济状况的问题，例如，住所、职业和薪水，他的配偶和配偶的雇佣情况，对其他债权人（如有）的债务情况，是否有人对他负有债务，他是否拥有机动车以及任何银行账户等详细信息。判决债务人会被要求出具所有相关文件和复印件给判决债权人及其律师。

9.3.4 破产申请程序

破产是债务人被公认为无力偿债的程序。一旦宣告破产，法庭将会指定破产事务官管理破产财产，包括：

(a) 资产的出卖；

(b) 债权人请求的登记；

(c) 向债权人支付破产偿金。

这是债权人实现债权的一种方式。无论是个人破产还是公司破产，债权人应该注意到，申请破产的程序与前述之程序略有不同，本书另一章将详细阐述。

9.3.5 外国判决的执行

任何取得受新加坡承认的国家（“外国”）判决的当事人试图在新加坡境内执行判决，都必须在新加坡高等法院登记。此种登记通过单方原诉的方式进行。申请必须附上呈现判决的宣誓书、经证明或经认证的判决复印件，并可能要求申请人为诉讼费用提供担保。

当法庭受理了判决，会在登记署的登记簿上备案。判决登记的通知会送达给债务人（也称为判决债务人），他可以向法庭申请驳回。

外国判决登记的驳回期限届满后，涉外判决才可执行。如果有人申请驳回外国判决的登记，只有在案件的最终决定做出之后才可予以执行。

第10章
争议解决

10.1 简介

在新加坡，每日发生的商业交易不计其数，这使得商业争议变得不可避免。当任何商人遇到这样的商业危机时，知悉自己可以采取的裁决方式和争端解决体系是非常关键的。

在新加坡有三种主要的争端解决方法：

裁决的特征是通过中立决策人解决两方或多方之间的争端。诉讼是上述裁决方式和争端解决体系中最普遍的方式。

诉讼一直是争端解决的传统途径。但是，因为诉讼被证明是非常费时而且成本高昂的，仲裁和调解才在20世纪八九十年代作为替代性争议解决方式（ADR）迅速发展起来。

随着新加坡出现越来越多的商业争端，有必要建立快速、高效和低成本的多种裁决方式和争端解决体系。然而，问题是现在的仲裁也可能如诉讼一样冗长，并且其成本不比诉讼来得低。此外，新加坡的诉讼程序在速度和效率上已经改善许多，从而使诉讼途径也不逊于其他途径。现在商人有许多高质量的争端解决途径可供选择，他必须先认清他的需要再选择最合适的方法来解决争端。

这三种裁决方式和争端解决体系在解决时间、法律成本、正式性和保密性等方面各有不同。任何商人所选择的特定裁决方式和争端解决体系都必须是对商人及其公司的效率和便利来说最有利的。表10－1总结了每一种裁决方式和争端解决体系的特征。

表 10－1 裁决方式和争端解决体系的特征

	裁决方式和争端解决体系		
	诉讼	仲裁	调解
法律成本	法庭听审费、律师费	管理费和指定费、律师费	每一方每天起价 900 新元
解决速度	6个月至两年，但主要取决于案件的复杂程度	一般来说，6个月至两年，但主要取决于案件的复杂程度	可能几个小时或者1天之内
可执行性	有约束力	有约束力	无约束力（除非双方当事人同意受调解结果的约束）
正式性	正式	非正式	非正式
隐私程度	接受公众的审查	严格保密	严格保密

一般来说，在新加坡，如果主要考虑的是迅速有效地解决争端，就应该首选诉讼。当争端的机密性是重要考虑因素时，仲裁是最好的选择。而当商人想与对方保持商业关系，或考虑成本因素时，可选择调解。

建议在任何合同交易的开始，合同的当事人就应当决定发生商业争端时所要采用的裁决方式和争端解决体系，并在合同中订立仲裁条款或调解条款。

在下文中分别解释和讨论这三种裁决方式和争端解决体系：诉讼，仲裁和调解。

10.2 诉讼

诉讼是一套正规的体系，受一系列证据规则、程序规则和指示的调整。它在本质上是对抗式的，由调查法官、当事人及他们的律师和证人参与一系列审理程序，从开始起诉到法官认为事实已经完全调查清楚，所有的证据都已经提交给法庭为止。这是裁决最通常的方式。

10.3 诉讼的优势

（a）公正。因为它给予双方当事人足够的时间陈述他们的主张与争端中的是非曲直，并提供相关的证据。

（b）相对快速。因为案件可以在1年内进行审理。

（c）效率高。因为法庭会通过被称为审前会议（Pre－Trial Conferences）的状况审理会议，试图识别当事人之间争端的争议点，并缩小争端的范围。

10.4 新加坡诉讼的途径

(a) 初级法院（Subordinate Courts）

(i) 推事法庭（Magistrates' Court）；

(ii) 地方法庭（District Court）；

(iii) 小额赔偿法庭（Small Claims Tribunal）。

(b) 最高法院（Supreme Court）

(i) 高等法庭（High Court）；

(ii) 上诉庭（Court of Appeal）。

10.5 诉讼程序

新加坡法院系统分为两个不同的法院，初级法院和最高法院。初级法院包括小额赔偿法庭、地方法庭和地区法庭。验尸官法庭（Coroner's Court）和少年法庭（Juvenile Court）也在初级法院的框架内，但是，本章并不对这些法庭作进一步的阐明。最高法院包括高等法庭和上诉庭（上诉庭是新加坡最高等级的法院，没有进一步的上诉）。在哪个法庭开始诉讼主要取决于商人，或者他的公司向对方主张的标的数额。

10.6 初级法院

小额赔偿法庭受1985年生效的小额赔偿法庭法（the Small Claims Tribunals Act）规制。这些法庭的功能是引导争端的双方进行和解（见表10-2）。每一个法庭均由审判员主持，审判员同时也是司法官员。小额赔偿法庭的程序是私人的、非正式的，不允许律师代理当事人进行任何程序。小额赔偿法庭的主要功能是让老百姓得以快速且低成本地处理争议，这些法庭也给小额赔偿争端的解决提供了一个高效率和有效的场所。

表10-2 初级法院（小额赔偿法庭）管辖权表

小额赔偿法庭	
请求数额	1万新元以下（如果争端的双方当事人书面同意，最高额也可达2万新元）
管辖权	● 货物销售合同 ● 服务提供合同

续表

小额赔偿法庭	
	● 财产的侵权损害赔偿，除非损害是由与使用机动车相关的交通事故造成的
特征	● 没有法律陈述没有 ● 遵守法定证据规则和程序规则的义务

小额赔偿法庭的显著特征是它有双重身份：先是作为调解人，调解失败后其角色转为裁决官。换而言之，双方当事人将首先出席由小额赔偿法庭的登记官主持的协商。如果争端在这个阶段仍然没有解决，当事人将出席审判员所主持的审理。因此，这个法庭的争端解决方式更倾向于调解而非诉讼。

提起请求仅仅需要提交填妥的规定表格，并交纳规定的费用。一般来说，将会在 7 日之内安排协商，如果争端未能友善地解决，将会在协商后 3 至 5 日之内安排审理。因此，整个程序将会占用大约 12 天的时间，但受制于登记官或审判员的进一步指示。提起请求的一方当事人称为“申索人”，被请求人称为“被告人”。请注意，所有的请求都必须在诉讼事由发生之日起的 1 年内提交到小额赔偿法庭。

地方法庭拥有初级法院法（the Subordinate Courts Act）授予地区法庭的权力和管辖权（见表 10 – 3）。地方法庭的民事程序是通过电子提交传票（例如，传讯令状、原诉或呈请）的方式启动的。每一种传票都有它各自的规则和程序。提起请求的一方当事人称为“原告”，被请求的一方称为“被告”。如果一方当事人是个人，并不强制要求诉讼代理，但建议寻找律师进行代理；如果一方当事人是法人或实体，则强制要求诉讼代理。

表 10 – 3　　地方法庭管辖权表

地方法庭	
请求数额	6 万新元以下
管辖权	● 合同 ● 侵权 ● 债务索赔 ● 任何成文法下的偿还金钱的索赔

地区法庭的管辖权和权力（见表 10 – 4）也受初级法院法（the Subordinate Courts Act）的多个章节的约束，虽然与地方法庭相比，它的管辖权更广，权力更大。如同地方法庭，在地区法庭的民事程序也是通过电子提交传票（例如，传讯令状、原诉或呈请）的方式启动的。每一种传票都有它各自的规则和程序。提起请求的一方当事人称为“原告”，被请求的一方称为“被告”。如果一方当事人是个人，不强制要求诉讼代理，但建议寻找律师进行代理；如果一方当事人是法人或实体，则强制要求诉讼代理。

表 10－4 地区法庭管辖权表

地区法庭	
请求数额	25万新元以下，如果是遗嘱认证和遗产管理诉讼的话，300万以下
管辖权	● 合同 ● 侵权 ● 债务索赔 ● 任何成文法下的偿还金钱的索赔 ● 任何不动产的追索诉讼 ● 衡平管辖权，包括有关下列事项的诉讼：信托的宣告和执行；抵押；财产出售、购买或租赁协议的实际履行、变更、正式交付或取消；法定未成年人的抚养；合伙企业的解散或清盘；欺诈或错误的救济 ● 自然人死亡后遗产管理诉讼

10.7 最高法院

高等法庭管辖权，见表10－5。

表 10－5 高等法庭管辖权表

高等法庭	
请求数额	225万新元以上
管辖权	● 合同 ● 侵权 ● 衡平管辖权 ●包括但不限于如下特殊事宜，例如离婚和婚姻事由、海事、破产、公司、未成年人和精神病人的监护、遗嘱和遗产的管理等事宜

10.8 高等法庭

根据最高法院法（the Supreme Court of Judicature Act）的规定，对任何人的诉讼，一旦被索赔方在新加坡或者另一国家境内收到了传票，高等法庭都有权审理。在新加坡，传票必须根据法院规则（Rules of court）规定的方式进行送达。当要送达的传票在管辖范围之外执行时，该类传票必须经过授权并根据法院规则规定的方式送达。如果被索赔方接受了高等法庭的管辖，法律授权高等法庭审理并继续享有管辖权。在高等法庭的民事程序，也是通过电子提交传票（例如，传讯令状、原诉或呈请）的方式启动的。每一种传票都有它各自的规则和程序。提起请求的一方当事人称为“原告”，被请求的一方称为“被告”。如果一方当事人是个人，并不强制要求诉讼代理，但建议寻找律师进行代理；如果一方当事人是法人或实体，则强制要求诉讼代理。

10.9 上诉法庭

上诉法庭的民事管辖范围是对高等法庭就任何民事事项行使其初审或上诉管辖权而做出的判决或命令的上诉。就上诉法庭的判决或命令，没有进一步上诉的权利。

10.9.1 诉讼费和判决做出的时间

诉讼费包括律师费和法庭审判费。

律师费包括律师每天出庭的收费、初步面谈费、咨询费，审判前的准备工作和收集证据的费用以及所有其他与代表客户事宜有关的工作费用。律师收费随律师处理相关问题的资历和职位的不同而不同，而且不同的律师事务所也有不同的收费标准。

当某一事项提交法院时，法庭审理费依据审理案件法院的等级而有所不同。地方法院在审理案件的第一天不收取案件审理费。然而，在紧接着的案件审理过程中，自第2天（或者其中的部分）开始每天要收取250新元的案件审理费。

对地区法院来说，在审理案件的第1天也不收取案件审理费。然而，在第1天之后的每天（或者其中的部分）要收取500新元的案件审理费。

在高级法院，在案件审理的前3天都不收取案件审理费。从第4天开始，案件审理费如表10－6收取。

表10－6　高级法院案件审理费收取表

高级法院		
法庭收费 第4天或不满1天 第5天或不满1天	标的额价值达到100万新元 6 000新元 2 000新元	标的额价值超过100万新元 9 000新元 3 000新元
第6天到第10天的每天或其中的每一个不满1天	3 000新元	5 000新元
第10天接下来的天数（既是从第11天开始之后）	5 000新元	7 000新元

由此可见，诉讼费的最后总额取决于案件审理的持续时间长度。

从起诉一直到审理，每个案件可能要耗费12至18个月或更长的时间。

在新加坡，所有有关案件的诉讼文件都以电子版的形式存档。因此，电子版文件存档费，也要作为费用进行支付。电子版文件存档费的总数支付，取决于存档文件的性质、该文件存档于哪一个法院，以及该份文件的页码总数。

10.9.2 仲裁

仲裁是仲裁员应双方或多方的要求，就他们之间的争议做出裁决、决定或判定。这些裁决由要求仲裁的双方所选择的中立仲裁员根据他们对争议事项（无论是事实或是法律事项）的判定做出。仲裁程序必须是双方自愿的，不能强迫当事人将争议提交仲裁。作为一种争议解决方式，当事人往往在签订合同时或之前就对仲裁达成了一致意见，并签署仲裁协议或在合同中写入仲裁条款。

10.9.2.1 仲裁的优点

（a）当事人可通过对仲裁地和相关法律的选择，自由决定任何争议的解决地点和解决方式；

（b）当事人可自由选择仲裁员（通常为1或3人）；

（c）当事人可自由选择仲裁程序；

（d）仲裁程序的非正式性；

（e）可能加快解决争议的速度；

（f）严格的保密性；

（g）低成本的争议解决方式；

（h）仲裁裁决具有域外强制执行力，例如，对纽约公约的120多个已经批准并通过联合国国际贸易法委员会（UNCITRAL）仲裁规则的签约国具有执行力。

在新加坡，许多公司和个人广泛地使用仲裁这种方式来低调且有效地解决商业争端。新加坡政府寻求并致力于创造有利条件以便在新加坡进行仲裁。基于下列原因之一，律师将主要推荐仲裁作为解决方式：

（a）仲裁听证和仲裁裁决的隐私性和保密性；

（b）海外仲裁裁决的强制执行力；

（c）国际仲裁的税收豁免；

（d）可自由选择仲裁语言和仲裁地；

（e）新加坡为仲裁提供了完善的通信系统及设施；

（f）新加坡的地理战略位置。

因此，在新加坡，外国商人进行国际交易时将仲裁条款写入合同是十分有用的。新加坡的仲裁可以分为以下两种：

(a) 国内仲裁：仲裁地在新加坡，并且所有仲裁当事人的营业地在新加坡。

(b) 国际仲裁：仲裁当事人至少有一方的营业地在新加坡以外的任何国家；或者仲裁地不是当事人的营业地所在国；或者合同义务的重要部分的履行地或与争端标的物最密切联系地不是当事人的营业地所在国；或者当事人明示同意仲裁标的物与一个以上的国家有关。

10.9.2.2 **新加坡仲裁机构**

(a) 新加坡国际仲裁中心（Singapore International Arbitration Centre）

经贸易及工业部批准，新加坡国际仲裁中心于1991年成立，其运行的主要目的是推动仲裁在新加坡的发展，同时将新加坡发展成国际商业仲裁的区域中心。自此，新加坡国际仲裁中心成为在新加坡许多商业争端的仲裁活动中心，并成为全世界许多商人的首选。

(b) 新加坡仲裁员协会（Singapore Institute of Arbitrators）

这是新加坡最古老的正式仲裁机构，与新加坡国际仲裁中心互补。它成立的目的是为有志成为仲裁员的专业人士提供培训和鉴定。新加坡仲裁员协会与设在伦敦的特许仲裁员协会（Chartered Institute of Arbitrators）有合作关系。

(c) 特定行业机构

特定行业，如船运、建筑和保险业，具有自己的特定仲裁机构、分委员会或机制等组织。因此，本行业内的成员可以将其行业争端提交这些内部仲裁组织。其中一个例子就是新加坡建筑师协会（Singapore Institute of Architects）。拥有这些行业专门机构的优点是他们的仲裁员拥有该行业的专门知识，知晓其行业习惯或交易，理解该行业及其成员的需要。但是，若争端的一方当事人不在新加坡，也不是特定行业组织的成员，该争议往往就会向其他全国性或国际性的仲裁机构如新加坡国际仲裁中心或国际商会（International Chamber of Commerce）或伦敦国际仲裁院（Landon Court of International Arbitration）提交，而不是这些行业专门机构。

(d) 私人服务仲裁员

这些仲裁员没有加入任何特定组织或机构（虽然他们也许会在一些专门小组中列名），他们通过其在特殊领域或执业中的专长提供仲裁员的服务。这些人作为仲裁员已小有名气，一般是律师及前任法官。

(e) 法定仲裁

原则上，将争议提交仲裁是自愿的，或通过协议规定的。但是，出于公平地解决，或由特别的专业人员来处理特定争议的需要，作为对此原则的例外的法定仲裁也就应运而生。其中一个例子是根据产业关系法（Industrial Relations

Act）成立的产业仲裁法庭，当雇主与工会之间的谈判破裂时，将在该法庭对产业争端进行审理和仲裁。另一个例子是根据租金控制（特殊条款法）（Controlled Premises (Special Provisions Act)，成立的出租补偿委员会（Tenant's Compensation Board)。该委员会听取地主和租户之间的争议，决定依租金控制法应付给失去租赁的租户的赔偿金总额。而上述例子并非已全部例举。

10.9.2.3 新加坡仲裁程序

在新加坡，国内仲裁受仲裁法（Arbitration Act）约束，国际仲裁受国际仲裁法（International Arbitration Act）约束。联合国国际贸易法委员会示范法(UNCITRAL Model Law）适用于新加坡的国际仲裁，但国内仲裁的当事人也可以自由达成书面协议适用示范法。示范法不是一套仲裁规则，它只是建立一个基本的程序框架，当事人可用他们选择的仲裁规则去充实这个基本框架。

在国内仲裁中，当事人可自由采用任何一套仲裁规则。在国际仲裁中，仲裁当事人可自由采用任何一套仲裁规则或程序，但它们却不能与国际仲裁法或示范法的强制性条款不一致。当事人也可以自由选择确定或制定他们自己的仲裁规则和程序，或是由仲裁员决定仲裁的规则和程序。列出所有各式的仲裁规则和程序供当事人选择是几乎不可能的，因而，建议向律师咨询在合同中选择适当的仲裁规则和仲裁程序。

10.9.2.4 仲裁费和仲裁所需时间

仲裁费由三部分构成：管理/行政/设施费、仲裁员费和律师费。根据仲裁的性质、争议数额、规则和程序，这些费用会有所不同。

关于仲裁的时间，一般来说，大多数规则建议仲裁必须在仲裁开始之日起6到12个月内结束。但是，由于每个案件的复杂性、主张的性质、涉及的文件的数量和卷数等不同，所以所需时间会有所不同。考虑到这一点，仲裁与新加坡法庭的诉讼审判程序变得相似。

10.9.2.5 示范性仲裁条款

在合同开始订立的时候，如果双方当事人希望并且一致同意解决合同所可能产生的任何商业争端，则应在合同中加入仲裁条款或订立仲裁协议，以避免争议发生时的不确定性。

下列条款举例说明了普遍性的仲裁条款。第一个示范条款是新加坡国际仲裁中心的条款，第二个示范性条款是国际商会的条款。

新加坡国际仲裁中心规则示范性条款：

“凡因本合约而产生或与本合约有关的任何争议，包括关于合约的存在、效力或终止的任何问题，应当提交新加坡国际仲裁中心（简称“中心”)，并按其现行有效的仲裁规则，在新加坡进行最终仲裁，中心现行有效的仲裁规则视为本条的一部分。”

“仲裁庭将由____位由中心主席指定的仲裁员组成。”

“本合约以____的法律为其适用法律。”

“仲裁语言为____。”

国际商会规则示范条款：

“凡产生于或与本合同有关的一切争议，均应按照国际商会仲裁规则，由依照该规则指定的一名或数名仲裁员终局解决。

10.9.3 调解

调解是一种自愿解决纠纷的方式。在调解程序中，有争议的当事人诉求公正的第三方（又叫调解员）在他们之间进行调停谈判，以寻求友好的方式或者是双方都能接受的方式解决纠纷。较为完整的定义是，调解是由一个可以接受的第三方介入的对协商过程的扩展或进行详细阐释，该第三方对争议只有有限的决定权，并没有权力做出具有法律效力的决定。在经济全球化的背景下，商业交往日趋紧密。诉讼，作为一种对抗式的诉求法律权利和利益的解决方式，将在当事人之间留下某种程度的非友善关系。因此，调解使生意人在解决问题和争端的同时，还能保持社会和商业关系和谐，尤其在涉及社会、文化和政治因素时更有所帮助。

10.9.3.1 调解的优势

（a）提供给双方当事人保持和谐关系的机会。

（b）产生符合双方当事人利益的结果。

（c）当事人在纠纷解决过程中有更大的影响力和参与度。

（d）当外国商人不熟悉本地的法律时，调解能减少因不熟悉本地法律所带来的不便，因为当事人能直接与对方交涉。

调解为商人和他们的律师广泛推崇，因为当事人之间的良好商业合作关系可以得到维持。调解员或调解法官（Settlement Judge）也有更大的灵活性，既能在私底下与当事人交谈，又能同时保持当事人案情的机密性。而且，新加坡调解制度在选择调解语言方面提供了更大的灵活性（如英语、汉语普通话、马来语、泰米尔语，或中国某些方言），并且配备有良好的调解场所、优质的秘书和行政人员。

10.9.3.2 新加坡调解机构

（a）新加坡调解中心（Singapore Mediation Centre）

随着实验计划商业调解服务的成功推行，设立了新加坡调解中心。新加坡调解中心是新加坡商业纠纷调解的主要机构之一，拥有自己的调解员名单，并从中委任调解员调解纠纷。该中心有自己的调解程序，包括调解的启动、调解员的任命、信息的交换、费用与调解的终止。

主要有两种途径向新加坡调解中心提交纠纷。第一，如果该争议属于高级法院的诉讼事项，双方当事人就会在审前会议程序收到登记员或新加坡调解中心告知有关调解程序的通知。如果当事人同意，该事项就被转交至调解中心进行调解。第二，当事人可以在任何诉讼程序启动之前，直接要求调解中心对纠纷进行调解。

(b) 法庭调解中心（Court Dispute Centre）

法庭争议解决（Court Dispute Resolution）是一种初级法庭规定用以解决民事纠纷的调解程序。在这个调解程序中调解法官的角色既是调解员又是中立评估人。如果争议通过调解不能得到解决，就转入审理程序。对当事人来说，在诉讼程序中将争议提交给法庭争议解决并不是强制性的程序，但是积极鼓励当事人在解决争议过程中被这样做，如果争议得以解决，对当事人来说既节省时间又节省金钱。

10.9.3.3　新加坡调解程序

新加坡调解程序，见表10－7。

表10－7　调解程序表

阶段	程　序
1	争议的任何一方当事人可以通过登记与在线申请、电子邮件或书信的方式向新加坡调解中心申请调解
2	新加坡调解中心就会通知所有有关当事人并邀请他们考虑通过调解方式解决争议
3	在双方对争议解决办法达成共识的基础上，双方当事人必须签订一份调解协议（参照新加坡调解中心调解协议范本），以保证双方遵守该条款
4	由新加坡调解中心选择一名适当的调解员
5	通常在调解程序启动至少5日之前，双方将交换案情总结和其他相关文件。案件总结是一份非正式的一到两页左右的描述，该文件从一方当事人的观点出发对争议进行描述
6	当事人和自己的律师一同参加调解程序
7	和解成功时，当事人就签订一份和解协议书

10.9.3.4　调解的费用和调解所需时间

调解费用（不包括商品与服务税）由新加坡调解中心收取，包括调解员的费用、场地的租金以及调解员和任一方当事人的3名代表的午餐和饮料费用。这些费用与当事人自己的律师费是分开的，律师会收取调解前准备阶段的费用以及在调解阶段代表当事人进行调解时的费用。花费在设施上的费用也大大低于法庭审理费用。例如，如果争议事项被提交新加坡调解中心，一方当事人要支付的费用（但不包括支付给新加坡调解中心的250新元的行政费用，这些行政费用是指提供行政和服务支持的费用以及增补调解员的费用或者调解超过晚上6点时的工作人员的加班费）见表10－8和表1－9。

表10－8　调解员费用表之一

索赔金额	每天收费（任命一名调解员时）
不超过25万新元	每一方每天或者不满1天支付900新元
25万新元以上到100万新元	每一方每天或者不满1天支付1 800新元
100万新元以上到500万新元	每一方每天或者不满1天支付2 400新元
500万新元以上	每一方每天或者不满1天支付2 400新元，并加总额超过500万新元部分的0.05%

表10－9　调解员费用表之二

索赔多次金额	每天收费（任命两名调解员时）
不超过25万新元	每一方每天或者不满1天支付1 800新元
25万新元以上到100万新元	每一方每天或者不满1天支付3 000新元
100万新元以上到500万新元	每一方每天或者不满1天支付4 000新元
500万新元以上	每一方每天或者不满1天支付4 000新元，并加总额超过500万新元部分的0.05%

虽然这些收费与诉讼费用相似，但调解审理的平均时间要远远少于法庭审理。因此，要支付的全部费用也相应减少了。平均计算，在新加坡调解纠纷如果成功的话，争议事项的解决过程仅仅需要几个小时到1天的时间。

10.9.3.5　示范调解条款

“任何由本协议产生的或者与本协议有关的所有争端，争议或分歧应首先提交新加坡调解中心，并根据其现行有效的调解程序通过调解方式解决。当事人同意应善意地参与调解，并积极遵守达成的任何调解方案的所有条款。”

第二部　税　务　篇

第 11 章
与公司有关的税务

11.1　新加坡的征税范围

不论是得自新加坡或源自新加坡的收入，还是在新加坡收取的海外收入，个人（个人的定义包括公司）都必须为它们缴税。不过，属于非纳税居民的公司如果不是在新加坡营业或是从新加坡经营业务，它就不需要为在新加坡收取的海外收入缴税。新加坡没有实行资本收益税，因此资本收益是免税的。不过，某些从短期房地产买卖中赚取的收益，可能被归类为收入，因而必须缴纳所得税。

在所得税的释义里，“在新加坡收取的海外收入”的扩大定义包括以下的金额或其他资产：

(a) 汇入、转入或带入新加坡。

(b) 用以偿还在新加坡从事贸易或商业而引致的债务。

(c) 用以购买任何带入新加坡的可移动资产，而所涉及的金额或其他资产是纳税人的收入而不是资本。

作为特许行政安排，国内税务局采纳了以下的惯例：

(a) 用以在新加坡以外投资的海外收入，若没有汇入新加坡，将不被当作在新加坡收取，即使这笔收入可归类为用来偿还新加坡公司为这项投资所引致的债务。

(b) 纳税人在海外的资金若是由海外收入和资本组成的，汇入新加坡的金额可被当作是汇入资本，只要：

(i) 留在新加坡以外的资金依然超过累计海外收入；

(ii) 汇入的金额少过原本汇出新加坡的金额扣除任何资本户头亏损的净额。

(c) 新加坡纳税居民公司用来支付“单一”股息给母公司的海外收入，将不被视为汇入海外收入，只要支付“单一”股息的活动完全是在新加坡以外进行的。

从2003年6月1日，以股息、分公司盈利和服务收入形式汇入新加坡的海外收入都是免税的，只要这笔收入是来自名义税率达到至少15%的地区。只有新加坡的纳税居民能够享有这项豁免，而且这类海外收入必须在原来的地区已经缴税。如果有关的地区没有向指定的海外收入征税，或者是没有向股息或派发股息的收入征税，就不符合已经缴税的定义。不过，在特许安排下，如果这笔指定收入是因为在有关地区大规模地进行商业活动而在有关的地区享有免税优惠，那就符合已经在海外缴税的定义。此外，如果获得有关当局批准，非直属海外分公司所付的税也将被接受，只要用来派发股息给控股公司的收入属于活跃性质，或是证明非直属海外分公司的缴税利润是源自从大规模商业活动。

11.2 收入来源

所得税法第10 (1) 节规定，以下类别的收入必须缴纳所得税：

(a) 来自贸易、商业、专业或行业的任何收益或盈利；

(b) 来自雇佣的任何收益或盈利；

(c) 股息、利息或折扣；

(d) 任何退休金或年金；

(e) 来自房地产的租金、特许权使用费、租赁费以及任何其他来自房地产的盈利；

(f) 任何以上未列明但是带有收入性质的收益或盈利。

以上的收入类别不是互无关连的，例如利息收入可以归类在第10 (1) (a) 节（如：银行本身所得的利息收入），或第10 (1) (d) 节（如：从事制造业的公司把资金存放在定期存款户头所赚取的利息）。实际上，区分从活跃贸易或商业来源赚取的收入［第10 (1) (a) 节］，以及“非活跃”的收入来源［第10 (1) (d) 至 (f) 节］，是有必要的。这项区分是重要的，因为它会影响公司以下的资格：

(a) 为公司的开销申请扣除。一般上，国内税务局认为赚取“非活跃”收入是不需要很多开支的活动；

(b) 申请资本减免（税务折旧）；

(c) 把亏损转入下个财政年用以抵销未来的收入(2005年的预算案提出，从2006估税年开始，任何人从事贸易、商业、专业或行业，可以把现年未使用的资本减免和营业亏损移前扣减1年，顶限是10万新元)。

从2003年1月1日开始，新加坡以单一税制取代了估算税制。根据单一税制，不论是以已缴税收入或免税收益派发的股息，股东都不需要为所获得的股息缴税。不过，公司可以根据之前的估算税制，在2007年12月31日结束的5年过渡期里，继续利用在2002年12月31日或之前已经缴付的公司税，来派发已缴税股息给股东。

根据估算税制，纳税居民公司以必须缴纳一般公司税的盈利派发的股息，将被视为是已经预先扣除20%公司税。这笔税务将被当作是从公司为须缴税盈利缴纳的公司税中所扣除。如果从股息中所扣除的税务超越公司应为盈利缴纳的公司税，公司就必须缴纳两者之间的差距给国内税务局(在实行单一税制之前，这类缴税被归类为提前缴纳的公司税，可以用以抵销往后公司的税务责任)。股东方面，预先扣除的20%公司税可以用以抵销他的税务责任；若有余额，则退回给股东。非纳税居民公司不受这些估算条例管制，它们可以在没有额外新加坡税务责任的情况下派发缴税后的盈利。而享有税务优惠的缴税居民公司，也同样不受估算条例管制，只要用以派发股息的盈利是享有有关优惠的。

资本削减、股票购回或股票赎回，可能在某种情况下归类为股息派发。不过，清盘人为公司清盘时所作的派发，属于资本性质，因此，是不需缴纳所得税的。

11.3 纳税居民地位的确定和重要性

在新加坡所得税的释义中，公司的缴税居民地位与公司的注册地点是分开和有差别的。它是公司业务的控制和管理地点，也就是在公司章程下受委任为负责公司事务的经理，在正常情况时执行最后控制权的地点。这也是董事部会议通常召开的地点，除非公司的控制和管理是明确地以其他方式和在其他地点进行。

确定一家公司是否是新加坡缴税居民是有显著意义的，这包括：

(a) 是否必须为所派发的股息缴付新加坡税务(只适用于选择在2003年1月1日到2007年12月31日的5年过渡期里继续采用估算税制的公司。在2008年1月1日全面使用单一税制后，不再适用)；

(b) 是否必须为指定类别的利息、特许权使用费和管理费缴纳新加坡预扣税；

(c) 是否有资格根据新加坡签订的避免双重课税协定享有外国税务扣除；

(d) 是否有资格让必须在新加坡和外国缴税的收入享有双重税额抵销；

(e) 是否必须为在新加坡收取的外国收入来源缴纳新加坡税务。

11.4 估税年

新加坡的估税年同月历年是相同的。任何估税年的应缴税收入即是上个月历年的收入。举例说，截至 2005 年 12 月 31 日财政年的收入，必须在 2006 估税年里缴税。来自贸易、商业和专业的收入，国内税务局通常会接受以财政年取代月历年为计算基础。至于任何非贸易的投资收入（例如股息或利息收入），则必须以月历年为基础。不过，从 2005 估税年开始，除了已缴税新加坡股息，纳税人可以选择以财政年为计算基础为非贸易的投资收入缴税。

11.5 税率

从 2005 估税年开始，公共公司和私人公司的公司税都是 20%。一些指定类别的收入享有优惠税率的待遇（下面第 11.7 节列明了一些相关的税务优惠）。不论是新加坡组成的公司，还是海外公司的新加坡分公司，缴税率都是一样的。

不过，除了新加坡股息收入以外，以 20% 标准税率为所有应缴税收入缴税的公司，还是能够享有一些豁免。豁免主要分为两种，具体内容见表 11 – 1。

表 11 – 1　　缴税豁免情况表

不超过 1 万新元的应缴税收入（除新加坡股息以外）	75% 免税
10 001 ~ 10 万新元的应缴税收入（除新加坡股息以外）	50% 免税

11.6 收入得自的地点

不论实际收取的地点是在世界任何地点，得自新加坡的收入通常都必须在新加坡缴税。相反地，得自新加坡以外的收入，通常都不需在新加坡缴税，除非是由缴税居民，或是在新加坡有分部或固定据点的纳税人在新加坡收取。因此，确定个别收入是得自哪个“地理地点”是重要的。

投资收入的得自地点，通常就是有关投资的所在地。要确定贸易或商业的收入，会比较困难。

要确定收入的得自地点，可以参考以下比较重要（但不是全面的）的考虑因素：

(a) 签订合同的地点，以及执行合同内容的地点。

(b) 使用资金的地点。举例说，在新加坡拥有专利权、商标或货物，预料就会在新加坡获得收入。

(c) 货物拥有权转手的地点。

(d) 在新加坡是否设有固定的据点。在法律定义上，“固定据点”指从事所有或部分业务的地点，包括管理点、分部、办公室、工厂、货仓、车间、建筑物、工地，以及建筑、装置或组装工程。“固定据点”的定义也扩大到包括建筑物、工地，以及建筑、装置或组装工程的监督活动。此外，它也包括一些代理安排，即有人在新加坡代表外国代理权持有人执行以下的活动：

(i) 曾经和经常性地执行权力代表外国代理权持有人达成合同；

(ii) 保存一批存货用以代表外国代理权持有人送货；

(iii) 经常性地替外国代理权持有人，或其控制的其他企业取得订单。

以上任何一个因素的重要性将视个别个案的客观事实和情况。不过，不管是个别或是整体地考虑以上的因素，通常已经足够确定有关收入是否得自新加坡，也就是是否须要在新加坡缴税。

某些类别的收入在法律上是属于得自新加坡的。举例说，利息、佣金、费用以及同债务或其他负债有关的付款，而直接或间接负责付款的是新加坡居民，或非纳税居民在新加坡设立的固定地点；或有关付款是从得自或源自新加坡的收入中扣除；或有关付款同一笔借贷有关，而这笔借贷的资金被带入新加坡或是在新加坡使用。如果直接或间接付款的是新加坡居民，或是在新加坡设立的固定据点，或是从必须缴纳新加坡税务的收入中扣除，以下的收入也将被归类为得自新加坡：

(a) 特许权使用费与使用任何可移动资产，或与其他使用权有关的一次性或其他形式付款的使用费；

(b) 与使用科学、技术、工业或商业知识或信息有关的付费，或为使用或应用这类知识或信息所提供的援助或服务有关的付费；

(c) 管理或协助管理任何贸易、商业或专业的付费；

(d) 根据使用任何可移动资产协议或安排下所付的租金或其他付费。

付给非纳税居民的款额是必须缴纳预扣税的。不过，以上的付款中，部分可以享有指定的豁免（请参阅第 11.7 节及其以下的内容）。

11.7 税务豁免和扣除

新加坡给予以下的税务豁免和扣除。

新兴工业公司和新兴服务公司：享有新兴地位的企业可以在 5 到 15 年里

豁免为其有资格的盈利缴纳的所得税。

发展和扩展优惠：在新加坡从事高增值作业但是没有资格获得新兴地位或者是新兴地位已经到期的公司，可以申请发展和扩展优惠。这些公司的合格盈利的缴税率不会超过5%。首次的优惠期最长是10年，之后每次可以申请延长最长5年，总优惠期最长是25年。

投资优惠：除了新兴地位和其他优惠，企业也可以申请投资优惠。投资优惠是一般税务折旧优惠以外所给予的优惠。投资优惠的计算方式是生产器材开支的指定百分比（最高是100%）。

核准特许权使用费、技术支援费用和研究与开发经费的贡献：支付给非居民的核准特许权使用费、技术支援费用和研究与开发经费的贡献，可以豁免缴纳预扣税。

以上的所有优惠也包括在总部计划（请参考以下内容）。

新成立公司的税务豁免计划：新成立而且是新加坡缴税居民的公司，如果符合某些条件，首10万新元的应征税收入（不包括新加坡股息）可以完全豁免缴税。不过，合格的新公司只能在2005至2009估税年期间的任何首3个连续估税年里享有豁免。

软件、资讯和数据化货物的付款：以下支付给非居民的付款可以豁免缴纳预扣税。包装软件的付款、用处执照的付款、用户从互联网下载的软件，以及装置在电脑硬件的软件；用户为资讯和数据化货物支付的款额。

使用海底电缆容量的付费：使用由非居民经营的国际通信海底电缆容量（包括永久使用权）的付费是豁免缴纳预扣税的（只限于2003年2月28日至2008年2月27日之间得自或源自新加坡的数额）。

为研究与开发使用的海外利息收入与特许权使用收费：从2003年6月1日开始，在新的研究与开发优惠计划下获批准的公司，它们用在研究与开发方面的海外利息收入及特许权使用收费，初期将获得5年的免税期。

总部计划：总部计划包括国际总部地位和区域总部地位。在新加坡组成或注册的公司，如果是为全球或区域的业务网络提供总部服务，就有资格申请。根据国际总部地位和区域总部地位计划，视它们在新加坡的投入程度，公司可以在指定的期限里以0至15%的优惠税率为递增收入缴税。它们的投入程度可以通过几个因素展现，例如人员数目、商业开支以及所聘用雇员的素质。合格的收入包括源自营销、服务、特许权使用收费、特许经营权收费、管理费和佣金的海外收入，以及或有的股息和利息收入。这些收入也必须是赚自非新加坡的客户或付款者。

金融与财务中心优惠：来自指定财务活动或提供给相关海外公司的财务服务，可以享有10%的优惠税，有效期最长是10年，之后每次可以申请延长最长10年。2005年的预算案中提议，新加坡的联号公司也是核准的网络公司，而且有资格的活动和服务也扩大到包括以新元为货币的交易。

金融业优惠：在新加坡的金融机构从各项合格活动所赚取的收入，将享有5%或10%的优惠税率。

船运优惠：在国际水域里经营挂有新加坡国旗船只所赚取的收入是免税的。核准船运公司在国际水域经营不是挂新加坡国旗船只所赚取的收入，也可以享有10年免税期，之后每次可以申请再延长10年。2005年的预算案提议，从2005年2月18日起，船只租赁公司也包括在核准国际航运企业优惠计划中。

核准国际货运和物流公司：核准的船运代理、船只管理公司和物流服务公司，将在5年期内以10%的税率为合格的递增收入缴税。

国际贸易商计划：根据国际贸易商计划，核准公司从事指定商品和产品的交易，将能够以优惠税率缴税。指定商品和产品包括能源、农业、建筑、工业、电机和消费产品，以及商品和产品的衍生产品，包括在交易所内买卖的期货和场外交易的衍生品。2005年预算案中提议，从2006估税年开始，国际贸易商的计划扩大到让以新元进行的交易也享有优惠税率。

视核准公司的营业额和商业开支而定，核准岸外交易的收入可以享有5%和10%的优惠税率。

核准电子贸易商优惠：从事指定电子商业交易所赚取的递增收入，在新加坡的核准公司将以10%的税率缴税。这项优惠的有效期最长是5年。

创业资本基金优惠：核准的投资项目（本地和海外）所赚取的收益，可转换债务的利息，以及核准海外投资的股息，可以在不超过10年里豁免缴税或以10%的优惠税率缴税。之后，每次可以申请延长优惠期最长5年，但是总优惠期不能超过15年。

艺术品和古董优惠：指定的与艺术品和古董市场业务和交易可以享有数项税务优惠。核准艺术品和古董商家的合格收入，将享有10%的优惠税率，有效期最长5年（可以申请延长）。核准拍卖商在新加坡从事可观拍卖活动所赚取的收入，在首5年将免税，之后可以申请延长。

11.8 报税和缴税程序

一般来说，公司必须在估税年7月31日之前报税。公司必须在财政年结束后的3个月内呈报公司应缴税收入的估计。如果没有按期呈交应缴税收入的估计，国内税务局有权根据本身的判断做出缴税估计。

在估税表发出后的1个月内，公司必须缴付该估税年应缴纳的税金。在一些情况下，国内税务局会允许公司分不超过10期的形式来摊还，其中首期必须是在财政年结束后的 1 个月内缴付。

如果没有在期限前缴税，就必须缴付相等于应缴税金 5%的罚金。如果在下令交 5%罚金的 60 天内，还是没有缴税，每逾期满 1 个月将加罚相等于应缴税金 1%的罚金，顶限是 12%。

没有按期报税的最高惩罚是罚款 1 000 新元。

11.9 确定应缴税收入

一般来说，根据公认会计原则准备的已审核财务报表中的账面盈利，必须根据新加坡的税务条例做出调整，以便估算应缴税收入。

要申请扣除开支，有关开支必须完全和纯粹为制造收入而引致的，而且必须是属于营业性质的。从 2004 估税年开始的优惠，允许在有关商业赚取贸易收入的会计年第一天开始引致的营业开支、可以申请扣除。如果该商业能够证明它已经开业，而且在此日期之前已经引致营业开支，这类开支也可以申请扣除。

一般来说，车辆（除商业车辆以外）的开支都不能够扣除。医药开支的扣除也有顶限。投资公司的开支扣除有特别的条例。

与海外收入来源有关的开支不能扣除，除非海外收入是在新加坡收取，而且在新加坡缴税。一般来说，岸外亏损不能用来抵销来自新加坡的收入。

固定资产的账面折旧是不能扣除的，但是，可根据法定率给予税务折旧(资本减免)。

与核准贸易展销会或贸易考察团以及海外贸易办事处维持费、海外投资发展、物流活动、研究与开发、雇佣海外人才和捐款有关的指定开销，可以申请双重扣除。

贸易存货是以成本或净可兑现值记录在账面，而且必须使用两者中较低者为准。如果是以成本记录，必须使用“先进先出”的基础，“后进先出”的记录基础是不被接受的。

疑账的指定准备金可以获得扣除，但是，只有在有关欠款是因为贸易产生，而且证明在基础年里无法取回。一般的准备金是不能扣除的（除了一些金融机构获准有限的扣除）。

资本减免（税务折旧）的方法如下：

(a) 厂房和机器。为贸易或商业而添购厂房和机器（包括商用车辆）的资本开支，可以获得折旧扣除。大部分这类开支可以分 3 年、以每年平均数额注销。从 2005 估税年开始，这类资产可以在一年内注销，条件是每项资产的成本不超过 1 000 新元，而且在每个估税年里，这类资产的总额不超过 3 万新元。以下所列的资产可以在所采购的年内注销：电脑、发电机、工厂或办公室自动化器材、自动化机器、指定的高效污染控制器材、核准的能源节省器材，以及指定的减少噪音和化学危害物器材。一般来说，汽车方面的开支是不能获得资本减免。

(b) 工业建筑。用作特定工业用途的建筑物，初期可以获得 25% 的扣除以及每年 3% 的直线摊销。除了圣淘沙岛上的核准酒店，其他商业建筑物或酒店都不能享有这项优惠。

(c) 知识产权。如果获得相关当局的批准，从事贸易或商业的公司可以为 2001 年 2 月 23 日或之后购买核准知识产权的资本开支，索取减记扣除。扣除是以 5 年直线摊销形式计算。如果有关知识产权的法律和经济拥有权属于新加坡公司，在 2003 年 11 月 1 日或之后购买的知识产权，其资本开支将自动获得减记扣除。这项优惠初期的有效期是 5 年。

在核准的成本分担协议下，从事贸易或商业的公司为其业务进行的研究与开发活动而引致的开支，可以获得 5 年的减记扣除。

(d) 海底电缆系统。从 2004 估税年开始，国际电信海底电缆系统永久使用权的付款，可以在使用期里索取减记扣除。

(e) 其他事项。如果合格资产的售价超越其折旧后的价值，一般来说，必须收回所给予的扣除。相反地，如果售价少过其折旧后的价值，可以获得相称的扣除。

贸易亏损可以在同一年里用以抵销其他的征税入息。未使用的亏损可以无限期地移后扣减。额外的资本减免可以用来抵销同一年的征税入息，以及无限期地移后扣减，只要带来有关资本减免的贸易仍然在进行（同样商业测试）。2005 年的预算案中提议，从 2006 估税年开始，任何人从事贸易、商业、专业或行业，可以把现年未使用的资本减免和营业亏损移前扣减 1 年，上限是 10 万新元（必须符合指定条件以及遵守指定的行政程序）。

在亏损或资本减免出现的那一年内的年底，以及索取扣除的估税年的第 1 天，至少 50% 的股东必须维持一样，才有资格移后扣减亏损和额外的资本减免。如果亏损公司的股东是另外一家公司，就必须审查企业结构确定谁是最终的受益股东。

资本减免移前扣减 1 年与移后扣减未使用资本减免一样，必须通过同样的商业测试。而亏损移前扣减则同移后扣减未使用亏损一样，不需要通过同样的商业测试。不过，移前扣减亏损和资本减免都必须通过股东测试。要移前扣减未使用的资本减免，资本减免出现的那一年的第 1 天和使用该资本减免的估税年的最后 1 天，股东结构不能够显著改变（须维持在至少 50%）。要移前扣减未使用贸易亏损，贸易亏损出现的那一年的第 1 天和使用该亏损的估税年的最后 1 天，股东结构不能够显著改变（须维持在至少 50%）。

即使股东结构在相关日期出现显著改变，只要有关的改变（例如是因为行业国有化或私有化，或是因为股票在受承认的交易所交易而导致公司或其母公司的股东结构出现显著变化）不是为了税务目的，新加坡国内税务局有权允许公司扣除它们的亏损或额外的资本减免。不过，有关的亏损和资本减免只能用以抵销相同业务的盈利。

根据集团扣除条例，现年未吸收亏损、未吸收资本减免和未吸收的捐献，可以由一家公司转移到属于同一个集团的另一家公司。集团指在新加坡组成的母公司以及它所有在新加坡组成的分公司。如果其中一家在新加坡组成的公司拥有另外一家在新加坡组成公司75%的股权，或者在新加坡组成的第三家公司拥有这两家公司75%的股权，这两家在新加坡组成的公司都属于同一个集团。

新加坡国内税务局会分开检查所有的账目和计算，而有关连公司间的交易必须符合正常的交易原则。

11.10 双重课税优惠

根据新加坡的条例，在有关收入所缴纳的外国税和在新加坡所应缴纳的税务之间，外国的税额抵销只限于两者之间较低的一个，而且给予税额抵销是根据个别情况而定的。一般来说，只有新加坡的纳税居民才能够要求双重课税优惠。

新加坡与超过50个国家和地区签订了范围广泛的税务协议（请参考下面的第11.11节）。不同协议中的条款会取消或减少跨国收入的双重课税。新加坡的税务法律同这些税务协议之间的关系是复杂的。请为个别税务协议征求咨询。

除了广泛的税务协议，新加坡也与巴林、阿曼、沙特阿拉伯和阿拉伯联合酋长国签订了只限于国际航空运输收入豁免缴税的特定协议。另一份与智利签订的协议只限于国际船运收入。新加坡也分别与美国和中国香港签订协议，范围是有关让国际航空运输和船运收入豁免缴税。新加坡也分别与巴林和阿拉伯联合酋长国达成了广泛的协议，涉及范围是豁免国际船运收入的税务。

共和联邦税务优惠是一个范围有限的双重课税优惠计划。这个计划适用于一些没有同新加坡签订避免双重课税协议的共和联邦国家（如果两国间已经签订税务协议，将以所签订的税务协议为鉴，共和联邦税务优惠计划将不适用）。

共和联邦税务优惠计划的计算条例复杂，不过，原则上是在新加坡和共和联邦国家所须缴的所有税，将限于以新加坡或共和联邦国适用的税率计算，以两者间的较高者为准。

只有共和联邦国也给予相同的优惠，才能够在新加坡享有共和联邦税务优惠。

新加坡也单方面让以下汇入的收入享有双重税额抵销优惠，允许用已缴纳的外国税务抵销有关收入在新加坡应缴纳的税：

(a) 在非缔约国和地区从事任何专业、咨询和其他服务赚取的收入；

(b) 特许权使用收入（须符合指定条件）；

(c) 股息收入；

(d) 雇佣收入；

(e) 新加坡缴税居民公司外国分公司的盈利。

至于股息收入，如果收取股息的股东拥有股息派发公司至少25%的股份，从付出股息收入所须缴交的税也可以享有双重税额抵销优惠。财政部长有权根据个别情况降低至少25%股份的规定。

11.11 新加坡和缔约国（地区）预扣税率

一般来说，支付给非居民的利息须缴纳15%的预扣税。不过，非居民在新加坡核准银行存放的存款所获得的利息，将不需要缴税，条件是该非居民在新加坡没有固定的据住地点，而且没有在新加坡以独立或合作的形式经商。此外，在2008年12月31日之前发出的指定债券所支付的利息，非居民也不需要为利息缴税，只要非居民在新加坡没有固定的据住地点。这项豁免也适用于在新加坡有固定据住地点的非居民，只要该非居民没有利用从固定据住地点运作所得到的资金来购买付息的债券。

因为特许权费（使用任何无形资产或其他使用），以及使用科学、技术、工业、商业知识或信息，或是其他使用权而支付给非居民的付款，必须缴纳10%的预扣税。而使用可移动资产（除了无形资产）而支付给非居民的租金或其他付款，则是以15%的税率征税。

非居民专业人士在新加坡提供服务所得到的总收入，必须以15%的税率缴纳最终预扣税，除非该非居民专业人士选择以20%的税率为净收入缴征税。

一般来说，非居民为使用或应用科学、技术、工业、商业知识或信息所提供的援助或服务，还有管理或协助管理任何贸易、商业或专业，所获得的付费，必须缴纳20%的预扣税。不过，如果是完全在新加坡以外进行的服务，则豁免缴税。如果管理费是支付给与非居民相关的一方，只有有关管理费是纯粹的成本补偿且没有加上利润，豁免优惠才适用。

税务条约内的条例，可取代以上的预扣税条例。

新加坡没有向股息征收分开的预扣税。

在避免双重课税的协议中，利息和特许权使用费的预扣税率可能会减低。与各缔约国（地区）达成的税率如表11-2所列。

表 11－2　　新加坡与各缔约国（地区）达成的税率表

	利息%	特许权使用费（j）%
澳大利亚	10	10
奥地利	5（a）（b）	5
巴林（s）	5（a）	5
孟加拉	10	10
比利时（q）	10	5
保加利亚	5（a）	5
加拿大	15（b）	15
中国	10（a）（c）	10
塞浦路斯	10（a）（c）	10
捷克	0	10
丹麦	10（a）	10
埃及（o）	15（a）	15
芬兰	5（a）	5
法国	10（a）（b）	0
德国	10（a）	0
匈牙利	5（a）（b）	5
印度	10/15（a）（d）	10/15（k）
印度尼西亚	10（a）（b）	15
以色列	15	0
意大利	12.5（a）	15
日本	10（a）	10
韩国	10（a）	15
科威特	7（a）	10
拉脱维亚	10（a）	7.5
立陶宛（p）	10（a）	7.5
卢森堡	10（a）	10
马来西亚	15	15
毛里求斯	0	0
墨西哥	15（b）（e）	10
蒙古（t）	5/10（a）（r）	5
缅甸	10（a）（f）	10/15（l）
荷兰	10（a）	0
新西兰	15	15
挪威	7（a）	7
巴基斯坦	12.5（a）	10
巴布亚新几内亚	10	10
菲律宾	15（b）	15（m）

续表

	利息%	特许权使用费(j)%
波兰	10(a)	10
葡萄牙	10(a)(b)	10
罗马尼亚	5(a)(b)	5
南非	0	5
斯里兰卡	10(a)(b)	15
瑞典	15(a)(g)	0
瑞士	10(h)	5(h)
中国台湾地区	15	15
泰国	10/15(a)(d)	15
土耳其	10(a)(i)	10
阿拉伯联合酋长国	7(a)	5(n)
英国	10(a)	10
越南	10(a)	5/15
非缔约国	15	10

(a)支付给缔约国政府或地区当局的利息是免税的。

(b)在一些特别情况下，利息是豁免的。

(c)支付给银行或其他金融机构的利息，税率是7%。

(d)支付给金融机构的利息，税率是10%；其他利息，税率是15%。

(e)支付给银行的利息，税率是5%。

(f)支付给银行或其他金融机构的利息，税率是8%。

(g)在瑞典，从事工业的企业支付给金融机构的利息，税率是10%。

(h)同指定交易有关的利息或特许权使用费，不需缴纳预扣税。

(i)支付给金融机构的利息，税率是7.5%。

(j)在一些情况下，较低的税率并不适用于文学或艺术作品的版权，包括电影、电台或电视广播的底片或带子。请参考个别的税务协议。

(k)10%的税率适用于购买工业、商业或科学器材的费用。15%的税率适用于为文学或艺术作品、专利、商标、设计、模型和其他项目支付的费用；与工业、商业或科学实验有关信息的付款，以及协定中所注明的技术服务的费用。从2005年8月1日开始，所有特许权使用费及技术服务费用的税率已减低至10%。

(l)10%的税率适用于与专利、设计、模型、计划、秘方或秘密程序有关的付费，以及工业、商业或科学器材或实验有关的付费。15%的税率适用于与商标、文学、艺术或科学作品版权有关的付费。

(m)在经济扩展优惠(所得税优惠)下核准的特许权使用费将豁免。

(n) 此税率不适用于经营石矿、矿山，或开采其他天然资源的特许权使用。协议签订国可根据国内的法律豁免或降低工业特许权使用费。

(o) 此协议在2004年1月27日正式获批准。在新加坡，此协议适用于2006估税年及之后估税年的所得税。

(p) 此协议在2004年6月28日正式获批准。在新加坡，此协议适用于2006估税年及之后估税年的所得税。

(q) 此修订协议在2004年5月4日正式获批准，并且是从1998估税年生效。

(r) 较低的税率只适用于由银行或类似金融机构收取的利息。

(s) 此协议在2004年12月31日正式获批准。在新加坡，此协议适用于2006估税年及之后估税年的所得税。

(t) 此协议在2004年10月22日正式获批准。在新加坡，此协议适用于2006估税年及之后估税年的所得税。

11.12 其他主要税务

表11-3列出了主要税务的内容。

表11-3　　主要税务表

性质	税率（%）
消费税 适用于应缴税个体（营业额在100万新元以上的公司）在新加坡经营业务或进口物品时所供应的任何货物和服务供应，除非是豁免的供应	0/5
社会保障（公积金） 持有工作/就业准证的外国人豁免缴纳 55周岁以下的雇员，须为每月的普通工资缴纳公积金（55周岁以上的雇员，缴纳率比较低）；每月须缴纳公积金的普通工资上限是5 000新元；从2006年1月调低到4 500新元 缴纳率： ——雇主（每月上限是650新元） ——雇员（每月上限是1 000新元） 额外工资的缴纳率，包括“分红”和非固定的付款 (上限是8.5万新元扣除年内须缴纳公积金的普通工资) ——雇主 ——雇员 (50至55周岁雇员，雇主为其普通工资和额外工资缴纳的公积金，将从2006年1月起从11%减低到9%；55周岁以上雇员的缴纳率会比较低。50至55周岁的雇员缴纳率会从2006年1月起从19%调低到18%；55周岁以上雇员的缴纳率会比较低)	 13 20 13 20
技能发展基金 雇主为每月收入在1 800新元（从2005年9月1日起调高到2 000新元）或以下雇员所缴纳的	1

11.13 其他事项

11.13.1 外汇管制

新加坡没有实行任何管制限制资金汇入和汇出新加坡。

11.13.2 负债与资本比率

新加坡没有任何特定负债与资本比率限制。

11.13.3 所避税立法

国内税务局在法律上有权不承认或修改任何更动税务负担，或减少或避开新加坡税务责任的安排。如果因为居民和非居民的关系密切，而导致居民从他们之间的商业交易所赚取的盈利比预期的少，国内税务局也可以用居民的名义向非居民征税，即把居民当作是非居民的代理。到目前为止，这些条例很少被引用。

第12章
与个人有关的税务

12.1 新加坡的征税范围

不管是纳税居民与否，个人都必须为得自或源自新加坡的全部收入缴纳所得税。支付或收取有关收入的地点，并不是缴税与否要考虑的因素。

个人居民若是在新加坡收取来自新加坡以外的收入，他通常都必须为有关收入缴税。不过，从2005估税年开始，个人居民在新加坡收取的所有来自海外的收入都将免税。这项调整后，新加坡将完全以地域基础向个人居民征税。不过，如果海外收入是通过新加坡的合伙人公司收取，这项豁免将不适用。而个人非居民在新加坡收取的海外收入是明确免税的。

从2003估税年开始，个人如果符合相关的条件，可以申请成为非普通居民纳税人。合格的个人可以在连续5个估税年里享有数项税务优惠，其中包括根据在新工作天数来分配新加坡的雇佣收入。请参考以下第2.1（ⅱ）章节了解“非普通纳税居民”规划的进一步详情。

确定收入来源的方法是复杂的，本书基本上列出了确定收入来源的一般指导原则，而不是深入探讨，所以请根据个别的情况征求咨询。

12.2 所得税、扣除和津贴

12.2.1 必须缴税的收入

（a）任何贸易、商业、专业或行业的收益或盈利。要确定这方面的来源和应缴税收益或盈利是复杂的。个人是否从事贸易要根据个别情况而确定。请参阅本书有关公司税务的章节，其中列出了确定与贸易或商业有关应缴税盈利的指导原则。

（b）雇佣收益或盈利。确定雇佣收入的来源是以提供有关服务或雇佣地点为根据，而不是根据签订雇佣协定或支付报酬的地点。举例说，一家外国公司聘请一名外国人在新加坡工作，有关外国人在新加坡提供服务而获得的报酬必须在新加坡缴税，即使他是由外国公司聘用，或是他全部或者部分的报酬是在新加坡以外支付的。

应缴税的雇佣收入包括因为提供服务所取得的现金报酬、工资、薪金、年假津贴、董事费、佣金、分红、退休金、小费和其他津贴。所有在新加坡就业有关的收入都必须全数缴税。其他的雇佣福利，包括回国度假旅费、雇主提供的住宿、雇主提供的汽车以及孩子的教育费，也都必须缴税。其中，部分的福利将享有特别税务处理。

由雇主配给的股票期权，必须在行使时缴税，而不是在获配时缴税。如果配给股票，则是在配给时或者是在授予时缴税（如果定下既定授予期）。应缴税的数额是行使、配给或授予时有关股票的公开市场价值扣除雇员所付数额（若有）后的净额。在2003年1月1日或之后所配给的股票期权和股票，所获得的股票附带禁售期，那么，只有在禁售期解除日才须为有关的收益缴税。应缴税的数额是解除禁售期当日有关股票的公开市场价值扣除雇员所付数额后的净额。

因为在海外就业而获配给的股票期权和股票，只要从中所赚取的收益的没有在有关雇员是纳税居民期间汇入新加坡，就不需要缴税。不过，从2005估税年起，个人居民在新加坡收取的所有海外收入来源都将免税，因而，在海外就业而获雇主配给股票所赚取的收益，并且确定是海外来源，都可以在不需缴税的情况下汇入新加坡。从2003年1月1日起，因为在新加坡就业所配给的股票期权和股票，不论有关期权是在何处行使，或是有关股票是在何处授予，都必须缴税。若是外国雇员离职，这类期权或股票配给将被视为已经行使或授予，而且必须立即为根据条例所计算的收益缴税。不过，从2003年1月1起，按雇员股票拥有计划所配给的股票期权或股票，雇主如果符合相关的条件和要求，有资格申请“循迹选择”。雇主如果获准并选择这么做，所配给的股票选择权或股票就可以在行使或授予时呈报和缴税。

雇员可以按数个优惠规划申请延迟为在股票计划下所赚取的收入缴税（必须加付利息），或在符合条件的情况下，申请豁免为有关的部分收入缴税。

雇员以后出售股票所赚取的任何额外收益通常被视为资本收益，因而不需要缴税。

雇主替在新加坡服务雇员所缴纳的公积金并不包括在应缴税收入里。一般来说，雇主缴纳给任何在海外设立的养老金和退休金的数额，都必须在所缴纳的年份以就业收入来缴税。不过，如果所缴纳的退休金是属于雇员祖国的强制社会保障条规，而雇主在新加坡报税时，也没有为所缴纳的数额申请扣除，那么雇员就不需为此缴税。

根据非普通居民规划，雇员可以在连续5个估税年里享有以下优惠：

(i) 根据在新工作天数时间分配雇佣收入。

(ii) 只要不超越公积金缴交顶限额，雇主缴纳给非强制的海外退休金或社会保障规划的数额可以获免税。

要申请成为非普通居民，雇员必须先符合以下的条件：

(i) 申请成为非普通居民的估税年里，他必须是纳税居民。

(ii) 申请成为非普通居民估税年之前的连续3个估税年，他不是纳税居民。

此外，要申请根据时间分配雇佣收入，雇员必须符合以下的相关条件：

(i) 因为新加坡就业的缘故，一年里有至少90个工作日是在新加坡以外度过。

(ii) 以至少10%的基本税率，为在新加坡受雇的总收入缴税。

根据在新工作天数分配收入的优惠只限于现金报酬。雇员如果获得其他非现金的报酬（例如房屋和汽车），都必须全数缴税，不能将它们包括在所要分配的雇佣收入中。

(c) 股息、利息和折扣。根据估算税制，股息收入的税负是根据20%的税率预扣的，除非有关股息是以免税盈利或是享有优惠税盈利派发的。非豁免股息将同其他收入归类在一起并根据12.4章节中所述的税率缴税。股息的预扣税可以用来抵销该估税年的应缴税额，若有余额，将退回给纳税人。股息如果是用免税盈利派发的，收取股息者将不需要为此缴税。

不过，根据从2003年1月1日起生效的“单一”公司税制，新加坡股息都豁免缴税，除非有关支付股息的公司选择在2003年1月1日到2007年12月31日的5年过渡期里，选择继续使用估算税制，以任何未使用的股息预扣抵销额来支付须付预扣税的股息。

从新加坡核准银行和金融公司的普通储蓄户头、来往户头和定期存款户头赚取的利息收入，一部分可以豁免缴税直到2005年1月1日。之后，所有这类利息收入都不需要缴税。

此外，从2005估税年起，个人直接从指定金融工具（除了普通储蓄户头）赚取并且源自新加坡的投资收入（也就是不被归类为贸易、商业或专业收益或盈利的收入）都将免税。这类收入包括债券和年金派发的利息，以及单位信托派发的收入。

(d) 退休金、法定收入和年金。

(e) 房地产的租金、特许权使用费、租凭费以及任何其他盈利，包括自住住宅房地产的年净值。

净租金收入是同其他收入归类在一起并根据第12.4节中所述的税率缴税。

(f) 任何以上未列明，但是带有收入性质的收益或盈利。

新加坡不征收资本收益税。但是，在一些情况下，如果纳税人的业务范围是买卖房地产或股票，税务局可能会把买卖房地产或股票的收入视为应缴税收入。

房地产交易的买方必须根据房地产的价值缴纳印花税。

(g) 1992年12月31日以后与雇佣有关退休年金的一次过付款或从任何从退休金或养老金提取的数额（不包括公积金和获财政部长核准的基金），都必须缴税。

12.2.2 获准扣除

只要在税法中没有明确列明不获准，完全和纯粹为赚取利润而付出的开销原则上都有资格扣除。明确列明不能扣除的开销包括个人开支、在新加坡的海外缴纳的所得税、缴纳给未核准退休金的数额以及汽车开支。固定资产的账面折旧不能享有扣除，但是，可以获得税务折旧（资本减免）。

因为贸易、商业、专业或行业而蒙受的亏损，以及所获得的资本减免，可以用来抵销同一个估税年里的其他应缴税收入。只要符合指定条件，任何未使用的亏损和资本减免，可以转入接下来的估税年里用以抵销任何来源的收入，而且没有时间限制。这项优惠只适用于与贸易、商业、专业或行业有关的亏损。合格亏损的优惠是强制的，而且不能推迟。2005年的预算案提出，从2006估税年开始，任何人从事贸易、商业、专业或行业，可以把现年未使用的资本减免和营业亏损移前扣减一年，顶限是10万新元。

雇佣收入的扣除在执行上并不普遍。国内税务局认为，雇主已经承担了雇员在执行任务时的所有必要开支。因此，雇员若要申请雇佣扣除，必须向国内税务局证明有关开支的确是因为执行任务而导致的。

12.2.3 个人扣除

个人居民将根据个人情况获得不同数额的个人扣除。2005估税年所给予的扣除见表12－1。

表12－1　　2005估税年所给予的扣除表

扣除类别	扣除额（新元）
妻子扣除	2 000
赡养残障配偶扣除	3 500
劳力所得扣除 55周岁以下	1 000

续表

扣除类别	扣除额（新元）
55周岁至59周岁 60周岁及以上	3 000 4 000
残障者劳力所得扣除额 55周岁以下 55周岁至59周岁 60周岁及以上	 2 000 5 000 6 000
子女扣除 第一、第二及第三个孩子 第四个孩子（1998年1月1日，或之后出世）	 每名2 000 2 000
赡养亲人（顶限：两名） 与纳税人同住 不与纳税人同住 残障亲人 祖父母关护者扣除 （在职母亲）	 5 000 3 500 额外3 000 3 500

在新加坡工作的已婚妇女，可以申请专给在职母亲有资格享有的子女扣除和外国女佣税扣除。夫妇如果符合条件，也能够申请家长税务回扣。战备军人以及他们的妻子或父母有资格享有特别扣除。

人寿保险保费和养老金的缴纳额可以获得以下扣除：

(a) 雇员所缴付的人寿保险保费，以及核准养老金的缴纳额（公积金以外）的总额，上限是5 000新元，不过，条件是公积金总缴纳额不得超过5 000新元。

(b) 以现金填补纳税人本人、纳税人父母或纳税人祖父母的公积金退休户头，上限是7 000新元（2005估税年起，从原本的6 000新元调高到7 000新元，并且扩大涵盖范围到纳税人没有工作的配偶，条件是配偶的年龄必须是在55周岁或以上，而且在上年的总收入不超过2 000新元。）

(c) 强制雇员缴交的公积金缴纳额（见第12.6节）。

此外，修读已批准课程的进修费也可以申请扣除，顶限是3 500新元。

根据所得税法第40章，个人非居民可以享有部分扣除。个人非居民包括新加坡公民，在新加坡领取退休金的非新加坡公民，或让新加坡居民享有同样扣除的双重课税协议签订国的居民。

非居民将不能享有个人扣除。

12.3 估税年

估税年同月历年是一样的。不过，新加坡采纳的估税制度是以上一年的收入为估税基础，因此，在估税年里缴交的所得税是根据估税年之前的月历年里所赚取的收入计算的。例如，如果从2005年3月开始在新加坡受雇，2005年3月至12月所赚取的收入，就必须在2006估税年里缴税。

12.4 税率

个人如果是新加坡的纳税居民，他必须为征税收入减去个人扣除后的净额缴税。而所应缴交的税是根据以下2005估税年的税率计算的（2004月历年的收入），具体内容见表12-2。

表12-2　　2005年估税年的税率表

估税入息		较低入息额	余额税率*
超过（新元）	不超过（新元）	税负*（新元）	%
0	20 000	0	0
20 000	30 000	0	4
30 000	40 000	400	6
40 000	80 000	1 000	9
80 000	160 000	4 600	15
160 000	320 000	16 600	19
320 000	—	47 000	22

*2005年预算案提议分两个阶段调低个人所得税的最高税率到20%。首先，在2006估税年，从22%调低到21%，在2007估税年再减到20%。其他所有收入等级的税率都相应减低，不过收入等级没有改变。

因此，接下来两个估税年的拟议税率，如表12-3、表12-4所示。

2006估税年

表12-3　　2006年估税年的税率表

估税入息		较低入息额	余额税率
超过（新元）	不超过（新元）	税负（新元）	%
0	20 000	0	0
20 000	30 000	0	3.75

续表

估税入息		较低入息额	余额税率
超过（新元）	不超过（新元）	税负（新元）	%
30 000	40 000	375	5.75
40 000	80 000	950	8.75
80 000	160 000	4 450	14.5
160 000	320 000	16 050	18
320 000	—	44 850	21

2007 估税年

表 12－4　　2007 年估税年的税率表

估税入息		较低入息额	余额税率
超过（新元）	不超过（新元）	税负（新元）	%
0	20 000	0	0
20 000	30 000	0	3.5
30 000	40 000	350	5.5
40 000	80 000	900	8.5
80 000	160 000	4 300	14
160 000	320 000	15 500	17
320 000	—	42 700	20

个人非居民为收入缴税的适用税率见表 12－5。

表 12－5　　个人非居民为收入缴税的适用税率表

收入类别	税率（%）
雇佣入息（不包括董事酬金）	15%或居民所应缴的税，以较高者为准（个人非居民一年里在新加坡工作不超过 60 天，不需要为雇佣收入缴税）
董事酬金入息	20%
贸易、商业、专业和行业入息	20%
专业服务入息	15%（a）
利息（不包括批准银行、金融公司、贷款和指定合格债券的免税利息）	15%
股息（不包括免税和单一股息）	20%
特许权使用或使用无形资产的付款	10%

续表

收入类别	税率
租金或使用可移动资产的付费（除了无形资产）	15%
公开表演者入息	15%，扣除开销后的净额
国际仲裁员在 2002 年 5 月 3 日之后所获入息	豁免
其他来源	20%
(a) 相关总额的最终预扣税（除非非居民专业人士选择以 20% 的税率为净收入缴税）	

12.5 影响纳税义务的因素

12.5.1 居民地位

纳税居民地位是根据个人在有关估税年之前的月历年里的个别情况而决定。其中，个人如果在有关估税年之前的月历年里，因为雇佣关系或身处在新加坡的时间超过 183 天，他将有资格成为纳税居民。

成为新加坡纳税居民的好处，包括能够获得个人扣除，还有以 0% 至 22%（从 2006 估税年开始调低，目标是在 2007 估税年调低到 20%）的递增税率缴税。否则，必须以 15% 的统一税率为雇佣收入缴税，这样就会增加税务负担。纳税非居民也必须以 20% 的税率为其他收入缴税，例如董事酬金。

如果在新加坡就业的时间在 3 年或以上，国内税务局通常会在 3 年里都把有关纳税人视为纳税居民。例如，如果有关纳税人从 2005 年 11 月开始在新加坡工作，在 2007 年 3 月离职。虽然他第一年和最后一年在新加坡工作的时间都不足 183 天，但是，他在 2006 估税年到 2008 估税年期间，国内税务局都会把他归类为纳税居民。

如果国内税务局基于个人将在新加坡受雇连续 3 年或以上，而授予纳税居民地位，有关纳税人在第一个估税年所须缴的税将因此减少。他可能因此必须呈交由银行发出的担保证明给国内税务局，以作为他如果比预期提早离开新加坡而必须缴付额外税务的保证。

如果有关纳税人的雇主是一家新加坡注册公司，或是一家外国公司在新加坡设立的声誉良好分公司，国内税务局通常会接受由雇主发出的担保信。

12.5.2 短期访客

个人非居民如果 1 年里在新加坡就业的时间不超过 60 天，他将豁免为雇佣收入缴纳新加坡所得税。一般来说，他也不需要报税。

这项豁免不适用于公司董事或公开表演者（例如音乐家，舞台、电台或电视艺人、运动员，或从事性质类似专业、行业或职业的个人）。

12.5.3 双重课税协议

新加坡与其他国家达成了超过50个避免双重课税的广泛协议。这类协议的作用之一，是要规则处理那些收入和资产得自一个国家，但是却是另一个国家纳税居民的个人，所应负起的所得税责任。由于每个国家在决定纳税居民地位时有不同的标准，所以可能会出现个人同时是新加坡和另一个国家纳税居民的问题。如果出现这类问题，多项协议都包括了确定纳税居民地位的条文。因此，个人应该在前来新加坡或是来到新加坡后，尽快确定本身的纳税居民地位。

个人如果在新加坡收取雇佣收入，但是，是与新加坡达致双重课税协议国家的纳税居民，如果他在一个月历年或是连续12个月里，在新加坡就业的时间不超过一段时间（通常是183天），而且也符合双重课税协议中列明的额外条件，他可能不需要在新加坡缴纳所得税。

12.6 社会保障

公积金是新加坡法定的储蓄计划，目的是为个人老年退休后的生活做准备。只有新加坡公民和在新加坡工作的永久居民必须缴纳公积金。外国人（包括马来西亚公民）是不需要缴纳公积金的，而且从2003年1月1日起，外国人不可以自愿缴纳公积金。

雇主和雇员都必须缴纳公积金。个人在55周岁之前，其公积金缴纳率是20%，其雇主是13%。从2005年1月1日起，年龄介于50周岁到55周岁的雇员，其缴纳率从20%调低到19%，在2006年1月1日再调低到18%。而其雇主的缴纳率也从2005年1月1日起从13%减少到11%，在2006年1月1日再减少到9%。55周岁以上个人的缴纳率会比较低。外国人成为永久居民后，所须缴纳的公积金将以特别的过渡缴纳率计算。

为“普通”和“额外”工资缴纳公积金是设有上限的。从2005年1月1日起，私人企业的雇员须缴纳公积金的“普通”薪金，上限是5 000新元；从2006年1月1日，这个顶限将调低到4 500新元。

如果雇员2005年的总工资超过8.5万新元，其“额外”工资，例如分红和其他不固定工资，所须缴纳的公积金也有上限。在这种情况下，须缴纳公积金的“额外”工资，是8.5万元扣除须缴纳公积金的“普通”工资后的净额。

自雇人士如果从事贸易、商业、专业和行业，也可以参与公积金计划。

除了公积金以外，新加坡公民和永久居民也可以选择通过退休辅助计划参与其他私人基金。在新加坡工作的外国人也能够参与这个计划。投入退休辅助计划的数额可以申请扣除，但是，设有上限。公民和永久居民的缴纳率是15%，外国人则是35%，但是从2005年起，缴纳上限是设在相等于目前公积金薪金缴纳上限的17个月（在2005年预算案中所公布）。退休辅助计划是自愿性质的，只有雇员需要缴纳，雇主则不需要缴纳。如果雇员在法定退休年龄之前提取退休辅助计划中的存款，他必须为提出的全额缴税，并且缴付5%的罚金。如果雇员已经达到他第一次参与退休辅助计划时实行的法定退休年龄，或者是因为逝世或健康问题而提出存款，则须为50%的提款额缴税；外国人从第一次参与计划到提取存款时如果相隔至少10年，也需要为50%的提款额缴税。参与计划的雇员如果达到法定退休年龄，或者是因为健康理由而提款，能够申请分10年期内提取存款来减轻缴税负担。10年期的计算法是以提款时实行的法定退休年龄后的10年为准。

12.7 报税和缴税程序

个人纳税居民和非纳税居民都必须在每个估税年的4月15日之前报税。营业额超过50万新元的独资经营者和合伙经营者，必须在税务报表中附上他们的经查核财务报表。因为业务而在外国渡过至少90天的非普通纳税居民，能够以“只在新加坡工作的天数，”基础报税，不过须符合相关条件。

个人必须在估税表发出后的1个月内，一次付清该估税年应缴纳的税。或者，他可以选择在1年内不超过12期的形式来摊还。

从2005估税年起，已婚夫妇会个别收到本身的报税表格，不过，他们可以选择联合估税。

12.8 移民事项

12.8.1 社交访问准证和签证

社交访问准证是在抵境海关发出的，不需要提前申请。持有这类准证者，不能在新加坡工作。社交访问准证的有效期介于两周到四周，而且一年内所获得的社交访问准证的总天数不得超过3个月。负责移民事务的机构有权决定个别的有效期。

某些外国人必须在抵达新加坡之前申请入境签证。

12.8.2 工作准证和就业准证

外国人要在新加坡受雇或者是从事商业、专业或职业，必须在前来新加坡之前申请工作准证或就业准证。而且，聘请外国人的雇主必须在新加坡注册。

基本月薪不超过 2 500 新元，而且拥有同职位相关资格和经验的外国劳工，可以申请领取工作准证。工作准证的有效期最长是 3 年，到期后可以申请更新。工作准证的发出数目是有顶限的，雇主也必须为所聘请的每名工作准证持有人缴纳劳工税。

月薪在 2 500 新元以上，并且拥有所承认的学位、专业资格或专业技能的外国人，可以申请领取就业准证。负责移民事务的当局在处理申请时，会考虑申请者的专业和学术资格，与职位相关的特别技能以及能够对新加坡做出的经济贡献。根据申请者的基本月薪以及其他因素，他将获得 P1，P2 或者 Q1 准证。从 2004 年 7 月 1 日，新的“S”准证取代了过去的“Q2EP”准证。申请“S”准证的主要条件是基本薪金达到至少 1 800 新元，并且拥有受承认的大专文凭；有关文凭不需是大学文凭。除了这两个条件外，还有考虑申请者的工作经验、所掌握的技能和工作性质的积分制度。“S”准证的发出数目也设有顶限，雇主每月也必须缴纳劳工税。

在等待申请结果期间，外国人可能根据个别情况获得临时就业准证。一旦他们的申请有了结果，临时就业准证就会作废。

外国人申请就业准证获得原则上批准后，可能需要接受身体健康检查，或填写健康申报表。

第一次提出申请的外国人可能会获得有效期两年的就业准证或“S”准证。到期后，他可以提出更新申请，新的准证有效期最长 3 年。

从商的外国人如果要在新加坡设立新业务或公司，而且积极地参与业务或公司的运作，可以根据商业入境证计划（企业家的就业准证）申请就业准证。申请人必须提呈一份全面的业务计划，其中必须包括主要指标，例如业务的成长潜能以及资金的来源。商业入境证申请必须获得一家声誉良好的新加坡注册公司赞助，或者是在申请获批准后，申请者必须呈交 3 000 新元的银行担保。第一次申请者，如果成功申请商业入境证，准证的有效期是最长两年，更新申请的有效期则是最长 3 年。

12.8.3 居留准证

年龄不超过 50 周岁的合格专业人士、技术人员和熟练工人，获得在新加坡工作的就业准证后，可以申请新加坡永久居留权。申请者也可以为配偶和 21 周岁以下的未婚子女申请永久居留权。

外国企业家如果根据环球投资者计划，投入至少 100 万新元到 150 万新元在新加坡批准的商业领域，可以为本身和直系家属申请永久居留权。这类申请者所投资的公司，必须是在新加坡注册的公司。

成功的申请者必须在获得原则上批准的6个月内，根据所提交的商业计划开展投资。申请者必须证明他已经做出投资，以便正式获得永久居留资格。申请人必须在5年内维持这项投资。5年期的计算方式是从正式获得永久居留权的日期算起。

根据金融投资者计划，个人如果拥有至少2 000万新元的净个人资产，并且把至少500万新元的金融资产交给由新加坡金融管理局监管的金融机构管理，可以根据这个计划申请永久居留权。

12.8.4 家眷居留准证

就业准证持有人可以为其配偶或21周岁以下的子女申请家眷准证，让他们在新加坡居住。“S”准证持有人的每月基本薪金如果在2 500新元以下，不能为家属申请家眷准证。持有准证的外国人，其配偶如果也有工作，不能自动获得同该名外国人同样的就业准证或工作准证。家眷准证持有人如果要在新加坡工作，必须另行申请工作准证、就业准证或同意书。

如果其家属没有资格获得家眷准证，就业准证（P1和P2）的持有人，可以为其家属申请长期社交访问准证。以下的家属有资格申请：

（a）父母；

（b）姻亲父母；

（c）继子女；

（d）配偶；

（e）残疾子女；

（f）21周岁以上的女儿（未婚）。

12.9 遗产税和赠与税

遗产税是根据在新加坡的可移动资产和不动资产，以及在新加坡以外的可移动资产的市场价值计算的税务。遗产税适用于居住在新加坡的个人逝世后转移给受益人的资产。从2002年1月1日起，逝世的个人如果生前不在新加坡居住，其受益人只需要为位于新加坡的不动资产缴纳遗产税。

在2005年的预算案中，提出了从2006年1月1日起，如果受益人在继承遗产并缴纳遗产税后的短期内逝世，第二名受益人能够以之前缴纳的遗产税抵销他必须为同样资产缴纳的遗产税。如果第一名资产持有人和第二名资产持有人逝世的时间相隔不到6个月，扣除额是100%。扣除额将随着间隔时间越长而减少，如果间隔时间超过两年，扣除额是零。

一些类型的资产是不在须缴纳遗产税的范围内。有关的条例详细而且复杂。不过，以下是一些主要可能适用的豁免：

（a）总值不超过900万新元的住宅房地产；

（b）须缴税资产，资产总值不超过60万新元，或者是逝世者的公积金结存，视何者较高；

（c）根据逝世者的遗嘱，从其遗产中捐赠给新加坡政府或任何在所得税法中批准的公益机构；

（d）逝世者在遗嘱中没有列明，但是，是从其遗产中捐赠给新加坡政府，或任何在所得税法中批准的公益机构。

新加坡并没有征收赠与税。

联系人目录

杨梁白律师事务所

10 Shenton Way
9th Floor MAS Building
Singapore 079117
电话：（65）6828 2828
传真：（65）6820 6828
电邮：mail@ylp.com.sg
网址：www.ylp.com.sg

若您要进一步了解我们所提供的服务，请联络以下人士：

梁利平（Jennifer Lai – Peng Yeo）
电话：（65）6828 2826
电邮：jenniferyeo@ylp.com.sg

白南泉（Adrian Peh Nam Chuan）
电话：（65）6828 2888
电邮：adrianpeh@ylp.com.sg

梁利安（Susan Leong Lai Onn）
电话：（65）6828 2822
电邮：susanpeh@ylp.com.sg

徐羽威（Kenny Chooi Yue Wai）
电话：（65）6828 2868
电邮：kennychooi@ylp.com.sg

许勇瀚（Sasha Koh Yeong Hung）
电话：（65）6828 2882
电邮：sashakoh@ylp.com.sg

杨梁白律师事务所上海代表处

中国上海市静安区
愚园路168号
上海环球世界大厦1106室
邮编：200040
电话：（8621）6249 0412
传真：（8621）6249 5418
联系人：黄志远
电邮：ngcheewan@ylp.com.sg

安永会计师事务所

10 Collyer Quay
21 – 01 Ocean Building
Singapore 049315

税务服务（Tax Services）

10 Hoe Chiang Road
18 – 00 Keppel Towers
Singapore 089315
电话：（65）6220 4377
传真：（65）6223 4795
电邮：contact.eys@sg.ey.com
网址：www.ey.com/sg

若您要进一步讨论本册子所介绍的税务内容，并了解我们所提供的服务，请联络以下人士：

公司税务（Corporate Tax）

白士雄（Pok Soy Yoong）
电话：（65）6421 8899

李丽群（Tan Lee Khoon）
电话：（65）6421 8679

电邮：soy－yoong.pok@sg.ey.com

陈丽仙（Chong Lee Siang）
电话：（65）6421 8202
电邮：lee.siang.chong@sg.ey.com

林玉琴（Lim Gek Khim）
电话：（65）6421 8452
电邮：gek－khim.lim@sg.ey.com

苏佩明（Soh Pui Ming）
电话：（65）6421 8215
电邮：pui.ming.soh@sg.ey.com

人力资源（Human Capital）

董仕华（Jeffrey Teong）
电话：（65）6421 8610
电邮：jeffrey.teong@sg.ey.com

电邮：lee－khoon.tan@sg.ey.com

洪丽丽（Ang Lea Lea）
电话：（65）6421 8755
电邮：lea－lea.ang@sg.ey.com

包莹羽（Florence Ng）
电话：（65）6421 8632
电邮：florence.ng@sg.ey.com

图书在版编目（CIP）数据

新加坡法律与税务手册/杨梁白律师事务所，安永会计师事务所主编．—北京：中国财政经济出版社，2006.12

（《新加坡经贸投资指南》系列丛书）

ISBN 7－5005－9548－4

Ⅰ．新…　Ⅱ．①杨…②安…　Ⅲ．①法律－新加坡－手册②税收管理－新加坡－手册　Ⅳ．①D933.9－62②F813.393.2－62

中国版本图书馆 CIP 数据核字（2006）第 148343 号

中国财政经济出版社出版

URL：http：//www.cfeph.cn

E－mail：cfeph@cfeph.cn

社址：北京市海淀区阜成路甲 28 号　邮政编码：100036

发行处电话：88190406　财经书店电话：64033436

北京牛山世兴印刷厂印刷　各地新华书店经销

880×1230 毫米　16 开　7.75 印张　143 000 字

2006 年 12 月第 1 版　2006 年 12 月北京第 1 次印刷

定价：30.00 元

ISBN 7－5005－9548－4/F·8291

（图书出现印装问题，本社负责调换）